+HUMANO
ESPIRITUAL

JORGE OSTOS

MÁS HUMANO, MÁS ESPIRITUAL

Una Invitación a Ser Como Jesús

Publicaciones
KERIGMA
Εν αρχη ην ο λογος

© 2017 Jorge Ostos
Más Humano, Más Espiritual

PUBLICACIONES
KERIGMA
Ἐν ἀρχῇ ἦν ὁ Λόγος

© 2017 Publicaciones Kerigma
Salem Oregón, Estados Unidos
http://www.publicacioneskerigma.org

Diseño de Portada y Maquetación: Enjoy Media

2017 Publicaciones Kerigma
Salem Oregón

Pedidos: 971 304-1735

www.publicacioneskerigma.org

ISBN: 978-0998920481

Impreso en Estados Unidos
Printed in Uinted States

Al amor de mi vida, Erika Vari

CONTENIDO

A MANERA DE PRÓLOGO

Cuando un día me obsequiaron el libro del pastor evangélico pentecostal Giacomo Cassese sobre el señorío de Dios, no me animaba mucho leerlo, pero cuando leí el currículum del pastor me decidí a hacerlo. Realmente estaba juzgando el libro por su portada como dice el refrán. Al profundizar en la lectura me di cuenta que los estudios que posee Cassese no son en balde; una teología seria y una patrística tan formidable que fui asombrado, al punto que cuando terminé el libro pensé: esto es como un «pozo de agua fresca en el desierto».

Hay libros que te dejan una huella y siempre se recuerdan con cariño y muchas veces repetimos su lectura a través del tiempo. Uno que ha marcado mi vida como la de muchos es la Biblia, con sus libros del Antiguo y Nuevo Testamento. Cuando leí por primera vez los textos sagrados, al concluir entendí que esa historia de salvación que se revelaba a un pequeño pueblo por los lados de palestina y luego al mundo entero, era una historia del amor de Dios para la humanidad.

Cuando Jorge me invito a leer el borrador de su libro «Más Humano, Más Espiritual», yo acepté gustosamente, de entrada sentí como caminar en un pequeño desierto, pero al adentrar, mi sorpresa fue mayor, ya que si con el libro de Cassese encontré un pozo de agua fresca con este encontré un pequeño oasis. Sí, así como digo, ya que es un lectura muy amena, muy nuestra y con una teología que en apariencia se ve sencilla pero la verdad es muy profunda, y es dada para cualquier tipo de lector, no solo para una sola confesión o credo, sino una lectura universal.

Jorge supo dar luz a su reflexión teológica por medio de sus propias vivencias, y eso deja entrever la espiritualidad e intelectualidad de un autor para captar la atención del lector, manteniéndolo atento, queriendo más y más en cada línea. Verás querido lector en estas páginas una persona objetiva, pero nunca detractora; un estudioso de las Sagradas Escrituras que supo entender el mensaje esencial de éstas, es decir, de un Dios que se nos da por amor, para el amor, y en el amor de la humanidad, de ése Dios uno y trino que siempre nos quiere salvar sin acepciones ni discriminaciones.

Acá querido lector, encontrarás una similitud contigo mismo, una cercanía de ése Dios que no es nunca lejano sino siempre tan familiar que ama a todos; esto lo digo no sólo por el hombre sino de manera cosmológica.

Espero que esta agua –que te acercara más a las Santas Escrituras y al Dios amoroso que se hizo hombre– refresque tus días en esos momentos de calor de la historia de vida que vivimos como humanos.

Que la fuerza de lo alto que proviene de Dios esté con ustedes.

+P Pablo Peña
Sacerdote de la Iglesia Ortodoxa
Caracas, Venezuela, 2017

PREFACIO

«Este libro no es para información».

Tales palabras usó Andrés Scrima en la introducción a la edición árabe de *La Escalera hacia Dios* de san Juan Clímaco. Posiblemente, el sentido de las palabras de Scrima era sobre la profundidad espiritual del escrito de Clímaco.

Lo cierto es que, tales palabras me llevan a las enseñanzas de san Isaac el Sirio, el cual menciona los tres niveles de la lectura de la Biblia y de libros espirituales en general:

Primero, nos habla de la *lectura superficial*, en la que nos informamos de lo dicho o sucedido en la Escritura o en los demás libros. Es un acercamiento al texto. Debido a esto, una lectura basta para enterarnos.

Segundo, tenemos la *lectura racional*, en la que indagamos en los libros. Aquí, la mente participa en el análisis de los escritos, para llegar a un conocimiento más profundo. Por ello, se requiere de estudio y de mucha lectura. Es lo que comúnmente hacen los teólogos, exégetas y eruditos bíblicos.

Tercero, está la *lectura espiritual*, la cual es verdadera y perfecta. Es cuando nos acercamos a la Escritura o a libros espirituales, y entre líneas podemos leer lo que nos concierne. El mensaje se vuelve como dirigido a nosotros. San Juan Crisóstomo dice que si una persona conoce bien el idioma en el que fue escrita una carta, lee sus perfectos y ricos sentidos. Así, cuando un hombre espiritual lee la carta, se comunica con el remitente, y la lectura se vuelve diálogo y oración.

Es triste que muchos cristianos de hoy día se limiten generalmente a la lectura racional, lo que vuelve estéril la lectura, ya sea de la Biblia o algún libro edificante.

La posición verdadera y más sana de la lectura es la que provoca la oración. Si una lectura no te lleva a meditar, contemplar y orar, entonces estas leyendo de forma incorrecta. La lectura espiritual es una labor que pretende ponernos en estado de oración. Por eso, podemos decir que la lectura alcanza su objetivo cuando nos lleva a ser *más humanos*.

Pienso que hemos olvidado lo que significa *ser* humano. De igual manera, hemos llegado a pensar que para ser más espirituales, debemos *ser menos* humanos. Sin embargo, Jesús nos mostró *todo lo contrario*.

Eugene Peterson marcó mi vida cuando dijo: «no nos hacemos más espirituales al hacernos menos humanos». Ésas palabras del autor norteamericano, y su conversación sobre los Salmos con el músico irlandés Bono de U2, fueron la principal inspiración para el título de éste libro.

La verdad debe ser dicha: muchos cristianos han olvidado lo que es *ser humano*.

Pero, ¿realmente está bien ser *más* humanos?

Por supuesto que sí. Ser humanos como Cristo lo fue, es para lo que estamos llamados. Ser más como Jesús.

Es fácil confundir la propensión al mal que vive en nuestra naturaleza, con nuestra humanidad. Pero *ser humano*, es estar conectados con nuestro Creador y conectados entre nosotros. El hecho que Dios nos creara como humanos, implica que somos creados para amar y ser amados.

Para exponerlo en una gráfica simple, podríamos decir:

El ejemplo de Cristo ➤ *ser más humanos* ➤ *ser más espirituales*

En Cristo Jesús tenemos el ejemplo perfecto de lo que un humano es realmente. Él es nuestro prototipo perfecto de cómo debemos comportarnos. Pero, lamentablemente, hemos negado nuestra realidad humana, así como también, la realidad de Dios en Cristo. Pienso que tal negación, es debido a que simplemente hemos apartado nuestros ojos de Jesús, el Hijo de Dios, quien se convirtió en humano y experimentó nuestra realidad.

Dios nos llama a que —como humanos— reconozcamos que somos pecadores, pero también nos llama —como cristianos— a que *seamos más humanos.* Cuando nos dedicamos a ser más humanos —lo que nos lleva al mismo tiempo a ser más espirituales—, sólo entonces la gente en nuestro mundo podrá ver que Dios ama a la humanidad y nos llama a todos a venir a Jesús.

En nuestro afán de volvernos más espirituales, muchas veces nos volvemos de alguna manera menos humanos, menos físicos, menos emocionales, menos involucrados con nuestras familias, menos preocupados por personas socialmente o moralmente indeseables o personas de diferentes creencias.

¡No somos más espirituales al volvernos menos humanos!

Tú y yo, como seres humanos, no fuimos creados para mal sino para bien, no para la indiferencia sino para amar. Somos libres de ser espiritualmente humanos y humanamente espirituales.

¡Fuimos creados para ser seres humanos en el sentido más pleno y eso nunca cambiará!

En cuanto a la estructura del libro será desarrollada en dos partes:

La primera parte, que consta de los capítulos 1-4, hará alusión a la parte "Más Espiritual" del título del libro. Mientras que la segunda parte, que contiene los capítulos del 5-10, hará alusión a la parte "Más Humano".

Amado lector, ruego a Dios que esta lectura que estás iniciando sea de la manera espiritual. Que tu intención sea meditar y reflexionar.

Mi deseo es que este libro sea de liberación y edificación para ti, y que te haga ser más humano, más espiritual.

Jorge Ostos
Maracay, Venezuela, 2017

Capítulo 1

DIOS JUEGA A LOS BOLOS

Dios no salva su creación para llevarla al cielo, Él renueva la Tierra.

— Jürgen Moltmann

CUANDO ERA NIÑO –posiblemente de unos 4 años de edad– tenía algunos miedos como los de muchos niños de esa edad. Es normal escuchar a los pequeños expresando sus miedos: a la oscuridad, a los payasos, a algunos animales, al anciano vecino que vive al lado, etc. También es normal que nosotros los adultos busquemos de alguna u otra manera tratar de calmarles y ofrecerles una razón para que pierdan su miedo –desde nuestra perspectiva– irracional.

Venezuela, por su ubicación geográfica, es un país donde no existen las cuatro estaciones que conocemos (invierno, primavera, verano y otoño). Los habitantes de Venezuela identifican simplemente una época de lluvia y una época de sequía. Sin embargo, cuando estuve viviendo en Inglaterra, tuve la alegría de experimentar las distintas estaciones, fue fascinante la sensación de vivir esos cuatro cambios climáticos. Increíblemente, aunque como adulto, soy amante de los días lluviosos, en mi infancia no fue así.

Uno de mis mayores miedos era precisamente los sonidos que los días lluviosos traían consigo. La misma emoción escalofriante que puede causar al espectador la primera vista a alguna buena película de terror, era la que yo sentía de niño cada vez que el estruendo de un trueno retumbaba en mis oídos. Meterme debajo de la cama, entrar al armario y cerrarlo, correr a los brazos de mi madre, eran algunas de las reacciones que el miedo me llevaba a hacer. Todo esto se repetía una y otra vez, hasta que mi madre tuvo una maravillosa idea que calmó todo mi temor y creo –en lo que puedo recordar– que lo eliminó en poco tiempo.

«Dios juega a los bolos hijo, solo es Dios jugando».

Esta simple frase fue entrando en mi corazón cada vez más, hasta el punto de que creer en ella hizo esfumar mi miedo. Imaginar que Dios jugaba felizmente a los bolos –lo que producía tal estruendo– me calmaba. Yo pensaba: «si Dios está feliz jugando ¿por qué yo tendría temor? Dios juega a los bolos».

Recuerdo que en mi mente se recreaba una imagen vívida de un gran hombre, inmenso, de vestiduras blancas, sonriente, lanzando una bola para derribar sus pines y de esta manera divertirse un poco en el cielo. Quizá también –pensaba yo– es una forma de recordarnos que Él está allí, feliz y jugando.

Aunque mi infancia careció de enseñanza religiosa, crecí con el pensamiento de que el cielo era ese lugar invisible arriba nuestro, en donde Dios tiene un salón muy grande, a una escala en la cual le sea cómodo –y al ver la inmensidad del cielo atmosférico podía estar muy seguro de mi pensamiento– disfrutar de sus juegos. Para mí, el cielo era el lugar donde Dios pasaba el tiempo haciendo de todo un poco, como por ejemplo: jugar a los bolos.

Cuando a los 15 años comencé a asistir a una iglesia cristiana, e inicié estudios sobre el cristianismo y la religión, mi visión sobre el cielo se mantuvo casi igual. Obviamente, Dios no juega a los bolos en el cielo –comenzaba a pensar– esa era una simple mentirilla de mi madre para calmar mis miedos. Entonces, el cielo comenzó a ser un lugar donde estaba Dios naturalmente, pero no jugando a los bolos sino sentado en un gran sillón, vigilándonos, cantando con muchos ángeles, pendiente de los niños del África, y a veces cuando nos portábamos mal nos castigaba un poco. Y ese lugar, será nuestro destino futuro para cantar por la eternidad. Tal sitio –pensaba yo– es el cielo.

Ahora, si para ti el cielo es así, es normal pensar «todos queremos ir al cielo».

La mayoría de nosotros crecemos con ciertas mentiras sobre la realidad. En mi caso –como vengo hablando– crecí creyendo que Dios jugaba a los bolos, hasta que me di cuenta que no era así. Otros crecen creyendo que un pequeño ratón les deja dinero bajo la almohada cuando se les cae un diente. Otros crecen creyendo que Papa Noel o Santa Claus va volando por los aires en un trineo dando regalos navideños a los niños. Así, los padres usan generalmente historias tradicionales para que sus hijos las adopten y por medio de éstas historias ficticias cambien su pensamiento o conducta con respecto a algo, como por ejemplo, la muerte.

La primera vez que sufrí una pérdida de gran estima fue cuando mi tío murió en el año 2007. Gracias a Dios era un joven para la fecha, y tenía un poco de entendimiento sobre lo que era la muerte y sobre hacerme preguntas existenciales ligadas a las interrogantes acerca del más allá. Por esta razón, no me vi en la necesidad de una explicación sobre el cielo, o de porqué «los seres queridos muertos van allá». Mis padres no tuvieron que abordar el tema de la muerte pues no era un niño. No obstante, ¿cómo se le puede explicar a un niño la muerte de un familiar y darle al mismo tiempo seguridad?

Hace unos años, leyendo un libro de teología, supe de la publicación de Maria Shriver. Shriver –quien era esposa de Arnold Schwarzenegger– publicó en 2007 un libro llamado «Mamá, ¿qué es el cielo?», con el cuál pretendía ofrecer a los padres ilustraciones y respuestas para dar seguridad a los niños y al mismo tiempo explicarles el significado de la muerte en base al cielo. En el libro, Shriver nos narra el cielo como un lugar muy bello en el que te puedes sentar sobre suaves nubes y hablar con las otras personas que están allí. Y si fuiste bueno durante toda tu vida, entonces te puedes ir allí. Cuando mueres, Dios envía a sus ángeles a buscarte para que te lleven al cielo a estar con Él.

¿Cuánta diferencia hay de esto, a lo que cree una gran cantidad de personas sobre el cielo?

Cuando se le pregunta a las personas sobre cuál es su esperanza final, la respuesta más común de todas es «ir al cielo». Todos quieren huir de este mundo malvado, violento y en vía a la destrucción, para irse al cielo. Es decir, la esperanza –sobre todo dentro del cristianismo– se ha resumido en: «ir al cielo». El libro de Shriver es un vivo ejemplo de lo que *no* es el cielo. Un excelente ejemplo de lo que la Biblia *no* enseña sobre el cielo.

Pensar en el cielo, sería igual a pensar en arpas, ángeles, calles de oro, ropas blancas, y muchas otras imágenes asociadas al mismo. Sin mencionar la cantidad exagerada de chistes que se han hecho sobre San Pedro y la entrada al cielo que éste controla. Creo que hay muchas cosas que pueden venir a la mente con el simple hecho de mencionar la palabra «cielo», comenzando porque éste queda en «otro lugar» en un «más allá».

Es por esto que vemos las librerías llenas de libros que relatan experiencias de personas que casi murieron, o que hablan de experiencias después de la muerte. Hay famosos libros sobre personas que «estuvieron en el cielo». Un ejemplo resaltante es el *best-seller* del 2004 escrito por Don Piper llamado *90 Minutos en el Cielo*, el cual cuenta con una adaptación cinematográfica en el 2005. En éste libro, Piper cuenta una historia un tanto más vívida y menos infantil que la de Shriver, no obstante, mantiene la misma línea. La triste realidad es que pocos libros de ese estilo tienen partes verdaderas y la mayoría no tienen base bíblica, llevando a muchos a caer en un error. Pero no podemos asombrarnos de que una tormenta de pensamientos que no están en la Biblia, hayan aprovechado la oportunidad para llenar ese vacío que muchos tienen al no entender la Escritura. El corazón humano clama por respuestas en cuanto al más allá, al mismo tiempo que el cristianismo se enmudece para dar respuestas, y las que da, por lo general son completamente ajenas al verdadero pensamiento cristiano.

Esa idea de que viviremos para siempre en «algún lugar lejano», ha formado por completo el pensamiento de cada civilización en la historia de la humanidad. Por ejemplo, los aborígenes australianos se imaginaban al cielo como una isla lejana. Los mexicanos, los peruanos y los polinesios pensaban que iban al sol o a la luna después morir. Los nativos norteamericanos creían que en el más allá, sus espíritus cazarían búfalos. En las pirámides de Egipto colocaban mapas al lado de los cuerpos embalsamados para guiarlos al mundo futuro. Los romanos creían que los justos estarían en los Campos Elíseos. Aunque esas ilustraciones de la vida después de la muerte difieren, el testimonio unido del corazón humano a través de la historia, ha sido la creencia en que naturalmente hay vida –o al menos un estado consciente– después de la muerte.

El gran teólogo Jonathan Edwards habló con frecuencia sobre el cielo. Él dijo: «Sería bueno que pasáramos esta vida solo como un viaje hacia el cielo... al cual deberíamos subordinar todas las otras preocupaciones de la vida. ¿Por qué deberíamos trabajar o poner nuestro corazón en alguna cosa, sino en aquello que es nuestro final correcto y nuestra verdadera felicidad?»[1] Edwards también escribió algunas resoluciones para la vida. Una decía: «He resuelto procurar alcanzar para mí mismo tanta felicidad en el otro mundo como me sea posible»[2].

Es probable que algunas personas piensen que es raro que Edwards estuviera tan comprometido a tratar de alcanzar felicidad para sí mismo en el cielo. Pero en eso Pascal tenía razón cuando dijo: «Todos los hombres buscan la felicidad. Esto es sin excepción. Cualesquiera que sean los métodos que emplean, todos tienden a ese fin»[3]. Y si todos buscamos la felicidad, ¿por qué no hacer lo que hizo Edwards y buscarla donde en realidad puede ser encontrada: en la persona de Jesús y en un lugar llamado cielo? Sin embargo, es triste, pero la mayoría de las personas no encuentran su gozo en Cristo ni en el cielo. De hecho, muchas personas no encuentran ningún tipo de gozo cuando piensan en el cielo.

Hace algún tiempo me encontraba dando una clase bíblica a un grupo de jóvenes en un local, en el cual discutíamos algunos temas teológicos y de la vida cristiana. Luego de algunas preguntas y respuestas, comenzamos a entrar en temas sobre el futuro, el cielo, y el infierno... a veces no entiendo porqué nos gustan tanto estos temas, pero creo que es debido a que —aunque son muchas veces especulativos— nos deleita el saber lo que supuestamente

1   Ola Elizabeth Winslow, Jonathan Edwards: Basic Writings [Escrituras básicas] (New York: New American Library, 1966), 142.
2   Stephen Nichols, ed., Jonathan Edwards' Resolutions and Advice to Young Converts [Los propósitos de Jonathan Edwards y sus consejos a nuevos conversos] (Phillipsburg, N.J.: Presbyterian and Reformed, 2001)
3   Blaise Pascal, Pensées, trad.W. F. Trotter, Christian Classics Ethereal Library, http://www.ccel.org/p/pascal/pensees/cache/pensees.pdf, section VII, article 425.

nos depara el futuro. En ese grupo una joven levantó su mano y preguntó: «¿qué haremos durante tanto tiempo (la eternidad) allá en el cielo? ¿No será muy aburrido?».

¿De dónde sacó esta chica –que creía en la Biblia– tal perspectiva del cielo?

Lo que es cierto es que no fue de las Escrituras, en las cuales Pablo dijo que partir y estar con Cristo era mucho mejor que permanecer en esta Tierra esclavizada por el pecado (Filipenses 1:21-26). Así como ella, me he encontrado que muchos creyentes comparten los mismos conceptos erróneos.

Las preguntas que nos surgen a partir de esa concepción del cielo, por lo general son completamente desligadas de la Tierra. Son ajenas a nuestro mundo. Están alienadas de la realidad de la creación material de Dios.

¿Qué haremos allá?

¿Nos aburriremos allá?

¿Cómo será eso allá?

¿Podré reconocer a mis amigos allá?

¿Y qué pasará con mi mascota?

Muchos enseñan que será una especie de servicio, culto o liturgia sin fin. Una reunión juvenil que no parará. Será como una interminable reunión dominical de tu iglesia… lo que para muchos parecerá más bien como un infierno. Hay otro grupo que se dedica solamente a pensar y sacar cuentas de quién estará allí y quién no. Haciendo cálculos de cuáles de sus amigos podrá entrar y cuáles no. Casi haciendo una lista de los que merecen entrar y una lista negra de los que «es imposible que estén allí», lista en la que ni de juego se incluyen ellos mismos.

¿Realmente la esperanza que tenemos es irnos volando de este mundo?

¿Dónde nos dice la Biblia que debemos prepararnos para que salgamos huyendo de este mundo a un «cielo» lejano y abstracto sin mucho que hacer?

¿Es ese cielo nuestra promesa?

Quizás pueda parecer sorprendente para muchos escuchar decir a alguien que la Biblia habla muy pero muy poco sobre «ir al cielo» cuando uno muere. En realidad son muchos los que creen que cada vez que se menciona o habla del «cielo» en el Nuevo Testamento, se está haciendo referencia a aquel lugar al que irán aquellas buenas personas después de que mueren.

La verdad es que la muerte viene a ser un tema interesante de observar en el pensamiento judío.

El Antiguo Testamento es una joya literaria. Realmente puedes conseguir de todo un poco en él. Puedes ver a Dios actuando de distintas maneras y formas: unas hermosas y maravillosas, y otras que son complejas e incluso evitamos hablar de ellas. Maravillosa poesía, narraciones extraordinarias, conquistas épicas, profecías aterradoras, personajes icónicos (posiblemente muchos más de los que encontramos en el Nuevo Testamento).

A pesar de la conexión entre los dos testamentos de la Biblia del cristianismo, ellos poseen sus particularidades únicas. Es obvio que no podemos leer los dos de la misma manera o con el mismo pensamiento. Tanto histórica, como literaria y culturalmente son distintos, y deben ser leídos de formas distintas. No es lo mismo leer Génesis a leer Apocalipsis. No es lo mismo leer Miqueas a leer Romanos. No es lo mismo leer Salmos a leer el Evangelio de Juan. No obstante, parece que muchas personas en el pasado (y posiblemente hoy día) leyeron el Antiguo Testamento con la certeza de que los escritos bíblicos fueron redactados con un entendimiento absoluta y teológicamente cristiano, y que la única diferencia resaltante es que la Encarnación del Mesías –que para nosotros es histórica– para ellos era una profecía. Pero esto es delicado y hasta curioso. La concepción de los escritores judíos del Antiguo Testamento no era la misma de la era cristiana del primer siglo y los posteriores. En la cultura judía no era común tener la esperanza de «ir al cielo» después de morir. En el Antiguo Testamento no se encuentran referencias sobre un escapar de esta Tierra para «ir a un cielo» lejano y abstracto.

¡Qué interesante lo que leemos en el Salmo 49!

«Nadie puede salvar a nadie, ni pagarle a Dios rescate por la vida. Tal rescate es muy costoso; ningún pago es suficiente» (versos 7-8). Es posible que alguien diga sin pensarlo dos veces: *¡está hablando de la obra redentora de Cristo!* Pero me temo que el salmista que escribió esto, quiso decir algo para nada referente a Cristo, y a su vez algo muy común en su contexto. Lo que trató de hacer fue enseñar que la muerte es algo inevitable.

La vida no es equivalente en sí a la existencia misma, ni se ve como algo abstracto; más bien se ve como el éxito, la estabilidad, la seguridad, la alegría, la luz y la victoria. La vida son todos y cada uno de los aspectos de la existencia humana. Contrariamente, la muerte aparece como un hecho general y normal, que afecta a todo ser humano. En el pensamiento de Génesis 2 y 3 por ejemplo, se presupone la muerte como algo natural, de lo contrario el hombre no podía haber pretendido la inmortalidad. Así, la muerte puede ser aceptada como un hecho natural, que llega a su hora, un acontecimiento normal acogido con tranquila resignación (2 Samuel 14:14).

Creo que parece bastante evidente que en la mayoría de los libros del Antiguo Testamento, esa creencia en la vida futura y en el «cielo», es escasa o nula. Me atrevo a afirmar que no había ninguna fe en que un «cielo» (en el sentido etéreo que venimos hablando) era de importancia religiosa alguna para ellos. En la visión hebrea, vemos un pensamiento terminal sobre la muerte. Algo como que un hombre al morir, es un hombre que no tiene fe alguna en ningún tipo de estado futuro. Los muertos eran simplemente muertos, y no había nada qué decir de ellos. Por ejemplo, Salmos 89:47-48 nos dice: «¡Recuerda cuán efímera es mi vida! Al fin y al cabo, ¿para qué creaste a los mortales?». Por eso «Todo mortal es como un suspiro; sus días son fugaces como una sombra» (Salmo 144:4), así podemos encontrar otros escritos similares.

Claro está que el judaísmo ha cambiado mucho con respecto a esto en la época del primer siglo. Mientras que los saduceos se aferraban a la visión antigua, los fariseos y muchos otros creían en la llegada de la vida eterna. No obstante, sigue siendo interesante tratar de entender la ausencia de una creencia así, en medio de ese tiempo de completa religiosidad judía. Vemos a los egipcios preocupados por los muertos y la «vida» que éstos experimentarían después de la muerte, pero no vemos a los judíos tan preocupados por ello.

Por algún tiempo he tratado de entender el por qué de ésta ausencia en la literatura judía. Quizás no he encontrado una razón firme, y tampoco quisiera extenderme en ello.

La mayoría de nosotros entiende que nuestra creencia en la vida y esperanza futura es fuerte y significativa cuando Dios está en el centro de nuestros pensamientos; ya que si intentamos usar la esperanza del «cielo» como una compensación o para aliviar la tristeza de la muerte de un familiar —como lo hizo Shriver en su libro—, ésta se desmoronaría.

Por supuesto, para los antiguos judíos había esperanza. En ningún momento he negado que los hebreos tuvieran una esperanza que añorar. Pero lo que entonces llenaba el espacio vacío que dejaba la ausencia del «cielo», era la esperanza de la paz y la abundancia en la Tierra. No podemos catalogar esto como una concepción poco religiosa o menos espiritual que la preocupación prudente por la vida futura. Y aunque tal esperanza de abundancia y paz terrenal que caracterizaba a los judíos se fue debilitando por las muchas guerras, por la esclavitud y el cautiverio que el pueblo de Israel tuvo que sufrir, Cristo el Mesías nos es evidencia que como Rey Eterno y Señor, gobernará y restaurará la paz y la bondad de la creación.

Entonces, ¿de dónde ha venido el anhelo del «cielo» como esperanza futura?

Cuando se lee la Biblia, vemos que el cielo no es en sí un destino futuro. Lo que sí podemos notar, es que «el cielo» se refiere a algo como otra dimensión o sistema, una especie de «dimensión de Dios». Se entiende —según lo que se narra en la Biblia— que Dios hizo el cielo y la Tierra, como también que en los últimos días renovará el cielo y la Tierra y los unirá para siempre. De la misma manera, cuando llegamos a una imagen del final como en Apocalipsis capítulos 21 y 22, no encontramos almas rescatadas que están logrando llegar a un «cielo», sino más bien, a la Nueva Jerusalén que baja del cielo a la Tierra; es decir, que la dimensión de Dios y la Tierra se unan en un abrazo por siempre[4].

---

4   La idea expresada aquí es tomada de la conclusión que da el teólogo británico N. T.

Es interesante la narración que encontramos en el evangelio de San Mateo sobre un joven rico haciéndole una pregunta al Señor Jesús. Él le dice: «Maestro, ¿qué de bueno tengo que hacer para obtener la vida eterna?» (Mateo 19:16). Posiblemente para muchos cristianos —así como lo fue para el rico— ésta es la pregunta más importante de todas.

¡Es lo que realmente importa!

«¿Por qué me preguntas sobre lo que es bueno? Solamente hay uno que es bueno. Si quieres entrar en la vida, obedece los mandamientos».

¡Cuán interesante respuesta por parte del Señor Jesús! Y vemos que Jesús se refiere con «entrar en la vida», a lo que el joven intenta expresar. Y no solo esto, le dice cómo «entrar en la vida», y es obedeciendo los mandamientos. ¿Cuáles de tantos mandamientos hay que obedecer? Al inicio del Antiguo Testamento encontramos cientos de ellos. Así que es lógica su siguiente pregunta sobre «cuáles».

Jesús le responde: «No mates, no cometas adulterio, no robes, no presentes falso testimonio, honra a tu padre y a tu madre", y "ama a tu prójimo como a ti mismo"». Veamos algo, los diez mandamientos eran centrales debido a que recogían muchos aspectos de la vida en pocas palabras. Jesús responde con cinco de ellos. Estos cinco mandamientos tienen que ver con nuestra relación con los demás. El joven rico insiste en su devoción y piedad al cumplir esos cinco mandamientos que Jesús le nombra. Entonces, Jesús le replica: «vende lo que tienes y dáselo a los pobres, y tendrás tesoro en el cielo», cosa que entristeció al joven debido a su grandes posesiones.

Wright al tema, en su obra Sorprendido por la Esperanza.

¡Un momento!... creo que deberíamos detenernos.

En una misma conversación se mencionó el cielo, la vida eterna, los tesoros, pero no en el sentido que cualquiera lo haría hoy. No se habló de aquel lugar lejano, allá en otra dimensión donde viviremos cantando por siempre. El joven preguntó sobre cómo obtener la vida eterna, y parece que la respuesta de Jesús fue demasiado terrenal para la «espiritual» pregunta del joven. Pero no creo que el joven tenía un pensamiento más espiritual que el del Señor Jesús, sino que parece que nosotros hemos vuelto abstractos estos conceptos.

Entonces, cuando el joven rico pregunta sobre «obtener la vida eterna», no está preguntando sobre cómo «irse al cielo» cuando muera. Como ya mencioné un poco más arriba, esto no parecía ser una preocupación en los tiempos de Jesús. Por esto, es entendible ver ausente ciertos pasos de parte de Jesús, para que la gente se «vaya al cielo».

Una forma también de decir «vida eterna» en los días de Jesús, era decir «vida en la era venidera». ¿Que debo hacer para heredar «vida en la era venidera»? En Mateo 13:40 el Señor Jesús habla de una cosecha al «final de este siglo (era)», y en Lucas 20[5] habla sobre «la gente de este siglo (era)» y de algunos que son «considerados dignos de tomar parte en el siglo venidero». En ocasiones, se describe la era venidera simplemente como «entrar en la vida» como en Marcos 9:42-48, y en otras enseñan que, manteniéndose firme «ganarás la vida» en la era venidera, como en Lucas 21:19. Y justo antes de que deje a sus discípulos como se nos narra en Mateo 28:20, Jesús les asegura que estará con ellos «siempre, hasta el final de este siglo (era)».

---

5   Consultar la porción de los versos del 27 al 40 del capítulo mencionado.

Por tanto, el cielo, que para muchos es la meta de «irnos de este mundo terrenal a una dimensión santa y abstracta», para Jesús, esta profundamente conectado con lo que llamó «la era venidera».

Volviendo a los textos, Jesús más adelante se dirige a sus discípulos diciendo que en la renovación de todas las cosas: «todo el que por mi causa haya dejado casas, hermanos, hermanas, padre, madre, hijos o terrenos, recibirá cien veces más y heredará la vida eterna». Según Jesús, tenemos la era o siglo que vivimos actualmente y la que viene, también llamada «el mundo que ha de venir», o simplemente «la vida eterna».

Nosotros—como seres humanos—hemos sido diseñados específicamente para un lugar como el que Dios hizo precisamente para nosotros: la Tierra. Dios nunca abandonó ni abandonará su plan original de que los seres humanos moren la Tierra, tal como nos enseña la Biblia. De hecho, creo que el clímax de la historia será la creación del Nuevo Cielo y Nueva Tierra: un universo renovado, redimido y restaurado, habitado por personas resucitadas que vivirán con un Jesús resucitado, como su Rey y Señor (Apocalipsis 21:1-4).

El hecho es que tenemos un muy mal concepto del «cielo».

Yo creo que Dios nos hizo para que deseáramos, y lo que deseamos es exactamente lo que Él promete a aquellos que seguimos a Jesucristo: una vida resucitada en un cuerpo resucitado, con un Cristo resucitado, en una Tierra renovada. Estos deseos engranan en los planes de Dios. Y creo que es nuestra forma incorrecta de ver las cosas lo que causa que pensemos tan poco acerca del cielo.

Una evidencia de lo que estoy diciendo es el descuido teológico con respecto al tema del cielo y la esperanza eterna en la gran mayoría de los teólogos de los últimos siglos. Por ejemplo, Juan Calvino nunca escribió un comentario sobre Apocalipsis, ni sobre el estado eterno. Y en su obra *La Institución de la Religión Cristiana*, desarrolla una muy débil doctrina del cielo en comparación con las otras doctrinas. William Shedd en su *Teología Dogmática* de tres volúmenes escribe dos páginas sobre el cielo. En su obra *Grandes Doctrinas de la Biblia* de novecientas páginas, Martyn Lloyd-Jones desarrolla menos de dos páginas sobre el estado eterno. Louis Berkhof en su *Teología Sistemática*, dedica una página al estado eterno.

La desunión y alienación que crea una concepción etérea del cielo, nos trae muchas consecuencias.

Karl Marx expresó una de las frases más famosas hasta el día de hoy: «la religión es el opio del pueblo». Con esto, Marx quería decir que los gobernantes opresivos podían utilizar la promesa de una vida futura de dicha y felicidad, para así tratar de impedir que las masas se levantaran e hicieran revueltas. Pero, esto mismo sucede con la religión en el preciso momento que ella le resta importancia y valor al cuerpo y al orden creado por Dios, bajo una concepción platonista[6]. Tratándoles como algo vano y sin valor, algo que dejaremos atrás en la otra vida.

No tendría mucho sentido –para ellos– renovar y restaurar la «prisión» en la que vivimos esclavizados. Y es precisamente tal pensamiento es el que ha hecho que algunos cristianos crean que la salvación no tiene nada que ver con el mundo actual y el cosmos entero, sino que tiene únicamente que ver con individuos o un grupo de ellos.

---

6   Con el término «platonista» me refiero a la idea de sentir desprecio por lo material y aprecio únicamente por lo espiritual. De esta manera, lo material representa el mal que debe ser destruido, mientras lo espiritual representa el bien y perfección que debe ser alcanzada.

Muy al contrario, se observa que la doctrina judía y cristiana de la resurrección, como parte de la nueva creación de Dios, le otorgan más –y no menos– valor al mundo presente, al cosmos y a los cuerpos que tenemos actualmente. Lo que estas doctrinas ofrecen es un sentido de continuidad, al igual que de discontinuidad entre el mundo actual y el mundo futuro.

Entonces, mediante la redención del cosmos, el reino espiritual de Dios que llamamos «el cielo», será uno con la Tierra: Dios hará su voluntad *en el cielo como en la Tierra*, y será uno en todo y todos. La obra de Cristo es el centro en esto, y su alcance es inimaginable. Dios que es espíritu, vino a habitar en la materia para redimir la materia.

Pero, ¿es la materia algo referente solamente a los seres humanos?

*   *   *

Así, damos final al primer capítulo de este libro.

No sé exactamente cómo lo has tomado hasta el momento, pero quiero invitarte a que me sigas acompañando por medio de las siguientes páginas. La verdad es que posiblemente esperabas otro tipo de comienzo, no obstante creo, amado lector, que el enfoque que he propuesto en este capítulo es el primer paso que debemos dar para poder tener una concepción y entendimiento más espirituales—y no fantasiosos—del propósito de Dios con la creación.

Pienso que tendremos una mejor cosmovisión de vida si vemos el propósito de Dios en su forma bíblica y correcta. Y es lo que he comenzado a proponer partiendo desde este primer capítulo. Entender esta visión más espiritual del propósito de Dios con Su creación (lo que estaremos tratando hasta el capítulo 4), nos llevará a que tomemos una actitud más humana en nuestro diario vivir y frente a todo lo que nos rodea (lo cual veremos con más énfasis en los capítulos restantes).

Por eso, querido lector, sigamos recorriendo las siguientes páginas.

¿Me acompañas?

Capítulo 2

DIOS ES COMO UN LUTHIER

No es que unos están dentro y los otros están fuera. Jesús ha abrazado la humanidad y de hecho, todo el cosmos.

— C. Baxter Kruger

La creación de Dios ha de ser redimida y glorificada en su entereza - tanto la material como la espiritual.

— Kallistos Ware

L A MÚSICA SIEMPRE ha sido una de mis mayores pasiones desde muy niño. Todo comenzó aproximadamente en 1996 cuando inició una nueva etapa en mi vida. Mis padres llevaban años separados, y debido a varias circunstancias pasé de vivir con mi madre a vivir con mi tía, la hermana de mi papá. En su casa éramos varios habitantes. Mi tía, mi tío, sus dos hijos, mis dos hermanos y yo. Recuerdo esos hermosos y agradables cuatro años de mi infancia. Era un entorno armonioso, lleno de risas, vivencias, y sobre todo de música.

Mi primo era músico. Tocaba la trompeta y el teclado. Sin embargo, la influencia musical se impuso sobre mi vida por medio de mi hermano y la radio. Por el lado radial, la música de décadas pasadas llenó mis oídos.

Led Zeppelin

Queen

Eric Clapton…

…y otros hacían crecer en mí un amor único por la música.

Por el lado de mi hermano, bandas más contemporáneas como Metallica, Oasis, Pearl Jam, etc. Así fui creciendo con el deseo de tocar algún instrumento musical. Y a pesar de mis horas recreando una batería con los cancioneros de los discos, terminé tocando la guitarra.

Tuve mi primera guitarra a los 13 años. Mi amor fue aumentando, y la pasión salía por mis poros.

La guitarra es un instrumento de seis cuerdas. Seis cuerdas, que en la afinación estándar, reproducen cinco hermosos tonos. Si algunas de las cuerdas faltan, puedes seguir tocando pero evidentemente faltaría algo. Aún si faltara solo una cuerda, puedes seguir tocando pero no sería igual. Es decir, una guitarra sin –aunque sea– una cuerda, es una guitarra incompleta, una guitarra que funciona pero no completamente. La guitarra se construye para tener seis cuerdas, si falta una, entonces no estaría cumpliendo verdaderamente la función para lo que fue hecha.

Por otro lado, las guitarras –y especial las eléctricas– son muy delicadas no solo en la parte interna sino también en la parte externa. La madera, la pintura, los acabados, son algunas de las cosas que el luthier[1] al construirla o repararla debe tener muy en cuenta. Una guitarra con malos acabados, golpeada, en mal estado, es una guitarra que ningún músico quisiera tocar. Para solucionar esto necesitamos a un luthier, quien puede y sabe cómo fabricar, reparar o restaurar una guitarra.

---

1   Un luthier es una persona que construye, ajusta o repara instrumentos de cuerda.

Ahora, ¿que tal si por un momento nos imaginamos que el cosmos, el universo, la Tierra, y todo lo que existe (incluyéndonos) es una especie de guitarra, mientras que Dios es el luthier?

¿Ya lo imaginaste?

Perfecto, ahora, obviamente nuestra guitarra está dañada. No funciona correctamente. Nuestra guitarra no solo tiene los cables rotos y está golpeada, también se le han roto las cuerdas y parece no tener esperanza de reparación. Nuestra guitarra no produce melodías hermosas. Nuestra guitarra necesita al Luthier.

Pero observemos algo, ¿debería el Luthier limitarse a los cables solamente? ¿Debería reparar una sola cosa? O, ¿debería el Luthier reparar toda la guitarra para que funcione como Él quiere?

¡Nuestra guitarra debe ser restaurada completamente!

Por esto, una guitarra reparada a medias no cumple el objetivo del luthier. Una guitarra a la cual solo se le salva las cuerdas pero se desecha el resto, es una guitarra en manos de un luthier poco profesional.

Pero un verdadero luthier, nuestro Luthier, no haría eso. Él restauraría toda la guitarra.

De la misma manera que una restauración limitada solo a las cuerdas de una guitarra que está completamente destrozada sería un trabajo incompleto de parte del luthier, una redención limitada solamente a seres humanos, parece ser una redención incompleta. Si Dios creó el cosmos —cosa que vio buena (Génesis 1:31) – para la destrucción y para tirarlo a la basura mientras nos vamos como fugitivos a una dimensión «mejor», esto quizás parecería algo extraño de parte de Dios.

Si para tocar la más hermosa canción, o tocar el solo de guitarra más virtuoso de todos como lo haría Joe Bonamassa o

Gary Moore el luthier necesitaría no solo seis cuerdas nuevas para la guitarra, sino que también necesitaría restaurar TODO lo que está dañado o defectuoso en ella, entonces el Luthier debe restaurar más que una sola cosa de todas las defectuosas –en este caso los seres humanos– para su Nueva Tierra. Si hablamos de la reparación integral para que la guitarra esté completa en cuanto a su función inicial de fabricación, entonces hablemos de una creación integralmente renovada y restaurada por Dios, así como pretendió desde el principio.

Jesucristo –nuestro Luthier– es el Salvador y Redentor de todo el mundo (1 Juan 2:2), pero a veces nos viene a la cabeza la interrogante de cuál es el nivel máximo de inclusión en esta verdad. ¿Incluye ésto a todas las personas, así como a animales, las plantas, a toda la creación? Durante la historia ha habido grandes teólogos que –directa o indirectamente– le han dado respuesta a esta cuestión.

Por ejemplo, en la teología de Juan Calvino esta inclusión es muy baja al definir «todo el mundo» como en realidad un grupo limitado de personas. En su propio comentario sobre 1 Juan 2:2, Calvino escribió que «entonces, en la palabra "todo el mundo", el autor no incluye los réprobos sino que se refiere a aquellos que habrían de creer, así como los que luego serían esparcidos a través de diversas partes del mundo». La esperanza limitada de la interpretación de Calvino sobre el hecho de que la redención de Cristo sería aplicada solamente a un grupo piadoso de la humanidad fue compactada en la Iglesia Reformada como la doctrina de la expiación limitada. El mismo Karl Barth en su Church Dogmatics (II/2), demostró que Calvino creía que como un 20% de la humanidad sería redimida, implicando que el resto de la creación se perdería.

No es mi intención profundizar en esto, ni en la teología de Calvino—Tampoco es hacer una defensa al universalismo, pues no me suscribo a tal visión—. La mención es solo un ejemplo de una teología que solo ve la obra de Cristo aplicada a un grupo de seres humanos y excluye todo lo demás, incluyendo el cosmos.

Ya vimos en el capítulo anterior que Dios hará de la Tierra y el cielo una misma cosa.

Pero, ¿será redimido lo no humano?

La verdad es una pregunta muy pero muy interesante, ¿no es así? Es probable que estés leyendo éstas líneas y estés pensado: «¿a dónde quiere llegar?». Sinceramente, cuando me encuentro con una pregunta como esta, viene a mi mente uno de mis pasajes favoritos, y posiblemente el pasaje más importante con respecto a la resurrección en la Biblia: 1 Corintios 15:35-50. Un pasaje que dentro de la exposición del apóstol sobre la resurrección, menciona cosas como las semillas, animales, aves, peces, el sol, la luna, las estrellas, cuerpos terrenales y cuerpos celestiales.

De nuevo, creo que nuestra esperanza va mucho mas allá de escapar de este mundo, y más bien se refiere a ser redimidos con el mundo. La resurrección no será un escape, sino la resurrección de la carne que es hecha del polvo de la tierra. Me parece que el mundo estará incluido y no simplemente seremos arrancados de él.

En Gálatas 5:17 leemos que la carne «desea lo que es contrario al Espíritu, y el Espíritu lo que es contrario a ella». Es evidente —tanto en la Biblia como en la experiencia de nuestro día a día— que hay un conflicto entre la carne y el Espíritu. Esta batalla es punta de lanza humana hacia el futuro, el cual se acerca a su clímax final precisamente porque la restauración de todas las cosas, ha comenzado ya con la resurrección de Cristo. Por tanto, seremos redimidos con el mundo pues la redención no es un escapismo de él.

Debemos vivir en el Espíritu desde ya según leemos en la Escritura, pero eso no significa que nos escapemos del mundo. A medida que tengamos más esperanza y anhelo por la redención de la creación, crecerá nuestra compasión por las heridas y el sufrimiento de nuestro mundo. Por esta razón, pienso que nuestra esperanza se debe extender a la creación incluyendo los animales y toda la creación buena de Dios que se lee en el libro de Génesis en la Biblia.

Si viviremos en esta Tierra renovada y restaurada, Dios entonces traerá paz y justicia al mundo animal también, de modo que los lobos vivirán con los corderos (Isaías 11:6). Cuando digo justicia no me estoy refiriendo a recompensa y castigo, sino a una justicia divina que trae rectitud, que coloca las cosas como deben ser, una justicia redentora (Isaías 1:27). ¿Qué es el día del Señor? ¿El día de Cristo Jesús? Pues es el día en el que la completa paz inicia. Ese día es el día del reino universal de paz. El reino de Cristo.

La Tierra es parte de la creación buena de Dios. Es el lugar que nuestro Creador nos ha preparado desde el principio de los tiempos. La restauración que Dios traerá al hombre no va aislada del cosmos, porque precisamente nosotros no estamos aislados del universo. La esperanza bíblica es una esperanza integral, una esperanza universal, una esperanza completa. Es una esperanza de restauración de la historia, y si por historia solo entendemos la interacción en el campo humano, entonces el resultado será una escatología incompleta la cual olvida la naturaleza, y no solo la olvida sino que también puede tornarse hostil contra ella.

Si se piensa que en el futuro que Dios tiene preparado está incluida toda la creación, entones cualquier esperanza que se vuelva pequeña y se cierre solo a un sector o grupo, e incluso a un solo individuo, traerá consecuencias destructivas en otros sectores pues los olvida y los priva de cualquier esperanza. La esperanza cristiana ha estado basada en egocentrismo y antropocentrismo, y por tanto en la exclusión de cualquier otra cosa. Pero la esperanza verdadera es universal, porque su futuro sanador abraza a la creación completa de Dios. Aunque el destino cambia para aquellos que neciamente rechazan y pisotean esta esperanza divina.

Entonces, de acuerdo a lo que hemos venido hablando, no podríamos concebir una Nueva Tierra, sin la condición previa de la restauración de la naturaleza. Dejemos a un lado la concepción de un cielo lejano y apartado de este mundo, lo que es una visión más cercana a Platón que a Jesús.

La resurrección toma lugar en esta Tierra, y lleva a los que han sido renovados a «un Cielo nuevo y una tierra nueva, en los que habite la justicia» (2 Pedro 3:13). El reino de Dios no solamente es un reino o sistema que está en el cielo, sino que viene a la Tierra como es en el cielo. La resurrección y la vida eterna son promesas de Dios para los seres humanos de esta creación. La creación entonces, no está destinada al cielo sino a la renovación por parte del Creador.

El reino de Dios es el reino de la restauración de la Tierra.

La Tierra es el escenario de la venida del reino de Dios.

Cuando estuve viviendo en Inglaterra inicié un estudio intensivo sobre el Génesis y todo lo referente a los días de la creación. San Agustín, B. B. Warfield, Francis Collins, Pete Enns, John

Lennox, Charles Darwin, y otros, fueron solo algunos de los autores que leí para profundizar en el tema. John 'Jack' Collins, un teólogo presbiteriano y especialista en el idioma hebreo, fue uno de los que más me ayudó. Luego, al regresar a Venezuela, me vi incluido en varios debates sobre la literalidad o no de los días de la creación, sobre la evolución, sobre el género literario de la narración del principio de la Biblia, y todo aquello tan discutido actualmente.

Algo que siempre me retumba en la cabeza, aún hasta el día de hoy, es la naturaleza del séptimo día. El séptimo día no tiene un final ni una conclusión: «Al llegar el séptimo día, Dios descansó porque había terminado la obra que había emprendido» (Génesis 2:2). Dios bendice y disfruta de todo lo que ha creado por medio del descanso (Génesis 2:3). En el séptimo día Dios está presente en todo. Si miramos, la doctrina del séptimo día está ligada a la consumación del mundo creado en la eterna presencia de Dios. La destrucción final de la muerte y la renovación de la naturaleza y de toda la creación son condiciones que deben darse para el estado eterno. Pues, la creación que en Génesis inicia con «en el principio» va ligada a esta Tierra.

Dios no permitirá perder nada, ni los bosques, ni mares, ni animales. Dios no estará solo en su eternidad, sino que estará junto a sus criaturas. Esta es la manera en la que entendemos el gran descanso de Dios. La verdad que es también un gran misterio. Uno que debe ser contemplado en la frase repetida veintiséis veces en el Salmo 136: «su gran amor perdura para siempre».

No podemos olvidar las palabras del apóstol Pablo: «sabemos que toda la creación todavía gime a una, como si tuviera dolores de parto. Y no solo ella, sino también nosotros mismos» (Romanos 8:22-23), esto es, tanto la creación como nosotros aguardamos la redención, la resurrección.

Todo lo que nos rodea es creación de Dios, y cada parte de ella está fundada bajo nuestros pies. Vamos sobre ella, vivimos de ella, tenemos un cierto poder sobre ella, estamos trabajando con ella y sin embargo, no actuamos de manera correcta hacia ella. Si observamos la moral, las costumbres, y el estilo de vida de la gente del mundo, nos asombraríamos de ver que la humanidad camina como si estuviera loca.

Debemos mantener en mente que nosotros los humanos, así sea el mejor de uno de nosotros, somos malos administradores de la creación. Todos nosotros fuimos creados a la imagen de Dios, somos una parte importante de la creación buena de Dios. Pero, parece que en esta gran máquina llamada creación hay algunas partes defectuosas. La parte humana no funciona de forma correcta y la creación entera sufre las consecuencias. Las cosas no van bien con nosotros los humanos. Es bastante lo que está mal con cada persona en el mundo.

¿Es la creación a la cual nuestro cuerpo pertenece, simplemente algo que debe ser dejado a un lado? O, ¿no es ella una especie de cuna de la eternidad? Hay muchas personas que ven la creación de Dios como algo de poco valor y su belleza como tonta. ¡Es realmente triste!

Los hombres por lo general atribuyen a Dios lo que pasa en el mundo; pero esta actitud es una especie de injusticia. Hay también muchas obras del hombre. Nuestras obras hacen daño. Mientras la obra de Dios es buena y hace bien a la creación, nosotros somos responsables por mucha de la maldad que hay en el mundo. Por tanto, debemos dejar de culpar a Dios en el asunto al decir que «Él lo está haciendo», porque la obra de Dios es restauradora no destructiva.

Al entender esto, debemos esforzarnos por procurar un trato adecuado con la creación entera. Nuestra esperanza no debe ser egoísta y limitada, sino universal y completa. Dios ama a su creación, ¿no deberíamos amarla de igual forma? Si imaginamos a Dios como un luthier, entonces nosotros somos como los guitarristas que disfrutan del trabajo del luthier.

Cuando las cuerdas se desgastan, se vencen, o se rompen, el guitarrista puede comprar cuerdas nuevas. Cuando la guitarra está sucia, el guitarrista la limpia. Pero cuando la guitarra está estropeada, dañada y en mal estado, la única esperanza es que el luthier la restaure.

Lo más hermoso de todo es que nuestro Luthier no solo restaurará nuestra guitarra (la creación), sino que Él también restaurará al guitarrista (nos restaurará a nosotros sus hijos).

Dios es como un luthier que restaura y hace que la mejor melodía vuelva a sonar como al principio, y naturalmente es lo que planeó hacer.

¡Es lo que está haciendo!

*   *   *

Antes de seguir al siguiente capítulo, me gustaría que pudieras reflexionar en las siguientes preguntas querido lector:

-    ¿Reflejas la actitud restauradora de Dios?

-    Cuando algo te sale mal, ¿prefieres desechar y abandonar, o buscar restaurar y seguir adelante?

-    ¿Sientes que Dios abandonó la obra que comenzó en ti, o más bien eres tú quien ha "tirado la toalla"?

-    Cuando alguien te falla, ¿buscas el perdón y la restauración, o simplemente desechas a quien te ha fallado?

Miremos la actitud que Dios nos ha mostrado con Su creación y sigámosla. Miremos al Jesús que fue negado tres veces por Su discípulo, y tres veces le restituyó en amor.

La restauración y renovación son actitudes características de una persona completamente *espiritual*... y sí, también de una persona *humana*.

Capítulo 3

EL PUNTO DEL RETORNO

La renovación de la tierra comienza en el Gólgota.

— Dietrich Bonhoeffer

*La resurrección de Jesús marca el comienzo de una
restauración que él va a completar a su regreso…
y todos participarán en la renovación.*

— N. T. Wright

MI BIBLIOTECA ES UN ESTANTE pequeño de madera blanca. Me la regaló mi hermana hace varios años. Pensaba botarla y en un sentido teniendo piedad de mí al recordarme, decidió dármela como regalo. Por años la he ido llenando con libros y una sección para mis álbumes musicales. Debido a mi obsesión compulsiva, la ordeno todos los días y si la secuencia de los libros que yo mismo había ordenado es modificada, siento que desmayo. Amo obsesivamente el orden de los libros en mi biblioteca.

Unos dos años atrás me dirigí a buscar un libro para comenzar a leer. Tomé un libro llamado *«Time and Eternity»* [Tiempo y Eternidad] del filósofo norteamericano William Lane Craig. A partir de ese momento, me sumergí en un profundo océano de ideas y teorías sobre el tiempo, la concepción de éste, y su final.

Podemos encontrar la visión aristotélica del tiempo, la científica, la kantiana, la teológica en sus distintas formas, y pare de contar. En aquella época me sentí muchas veces arrepentido de abrir el libro de Craig. No obstante, pude sacar muchas cosas de esos estudios.

Dentro de la tradición cristiana me pareció muy interesante el pensamiento de Santo Tomás de Aquino sobre el tiempo, el desarrollo de la historia y el fin de la misma. La teología medieval apreciaba una especie de movimiento circular en la historia. Aquino dice que «de todos los movimientos el circular es el más perfecto, porque en éste se da una vuelta hacia el origen. Si el universo ha de alcanzar su perfección final, las criaturas tienen que volver a su origen»[1]. Cuando leí esta visión tan interesante, se encendió una bombilla en mi cabeza. Me dije a mi mismo: ¡vaya, esto tiene sentido! Y comencé entonces a ajustar esta idea con la idea del transcurrir de la historia y la obra de Dios con la creación. Así mismo, pude ver en la encarnación del Hijo de Dios, Jesucristo, el punto del retorno dentro del movimiento circular de la historia y el cosmos.

Entonces, pareciera que la imagen de la historia es como un ciclo que nace y vuelve a su origen y cuyo retorno a dicho origen está en la encarnación de Dios. Creo que si juntamos la historia toda del cosmos y de la humanidad, aparecería como un gran movimiento circular. Así, el acto libre y amoroso de Dios de redimir la creación—aunque no completamente logrado todavía—inicia un diálogo amoroso entre Dios y la criatura. Tal redención es ese punto de retorno, pero que no destruye la creación sino que le da todo su valor.

---

1   Tomás de Aquino, Summa contra gentiles II, 26

Ésta es la idea cristiana del Dios que es «todo en todas las cosas».

En el evangelio de Lucas se nos narra una parábola que siempre me hace pensar en la maravillosa y amorosa obra de Dios evidenciada en la Encarnación. Leemos: «Supongamos que uno de ustedes tiene cien ovejas y pierde una de ellas. ¿No deja las noventa y nueve en el campo, y va en busca de la oveja perdida hasta encontrarla? Y cuando la encuentra, lleno de alegría la carga en los hombros y vuelve a la casa» (Lucas 15:4-6). Esta oveja que está perdida, lejos del rebaño y no sabe cómo volver, es por sí misma una buena imagen del hombre en general. Perdido sin rumbo, y sin saber cómo caminar hacia Dios. El pastor que la busca y la trae a casa es Cristo mismo, quien nos sale al encuentro y se echa la oveja sobre sus hombros, recupera a la criatura humana.

El giro salvador se produce en forma de cruz de Cristo, del amor que se entrega en la muerte. Un acto de nueva creación, que se encarga de restaurar la creación y llevarla a su origen. Cuando se celebra la pascua de Cristo, es una expresión de este paso de lo divino a lo humano, de la muerte a la vida, a la unión de Dios y el hombre.

Cuando leemos Apocalipsis, nos damos cuenta—especialmente al final—de una vuelta que presupone la lucha contra el mal, contra la injusticia y el odio. Ella implica una nueva intervención de Dios superior a la de la creación, porque sólo el amor infinito y su compasión, son suficientemente fuertes como para vencer la enemistad, y hacer creíble de nuevo el amor frente al miedo, a la dependencia y al ansia de autonomía como única forma aparentemente suficiente de libertad. Ésta intervención, la hizo Dios en Jesucristo.

Es muy normal andar por la calle caminando y encontrar –en medio de una plaza o en la entrada de un centro comercial– a alguna persona con una Biblia en la mano y con la voz levantada anunciando algunos mensajes sobre la condenación, el cielo, el infierno, sobre Cristo, Dios, la cruz, etc. En estos interesantes personajes no puede casi nunca faltar una frase. Frase que también podemos encontrar en anuncios publicitarios de iglesias o de eventos cristianos.

«¡Jesús murió en la cruz por tus pecados!»

La verdad es que esto es completamente cierto, pero ¿hay algo más allá? Sinceramente, sí lo hay. ¿No se han dado cuenta que los cristianos no degollamos animales? ¿No han visto que no vamos a un templo a rociar sangre animal? Estoy seguro que –si eres cristiano– tampoco haces esto querido lector, yo tampoco lo hago. Igualmente puedo afirmar que me parecen actos repulsivos ¿cierto?

«Si así fuera, Cristo habría tenido que sufrir muchas veces desde la creación del mundo. Al contrario, ahora, al final de los tiempos, se ha presentado una sola vez y para siempre a fin de acabar con el pecado mediante el sacrificio de sí mismo» (Hebreos 9:26).

En la antigüedad, los sacrificios de animales eran cosa común. Criabas algún animal, o ibas a la tienda para comprar uno y luego lo sacrificabas en un ritual. Luego del sacrificio, la sangre era rociada sobre el altar del templo. Esta acción era una muestra de tu arrepentimiento ante una deidad. También podía significar tu agradecimiento por la lluvia, por la cosecha o por un favor recibido.

Por miles de años ésta fue la creencia de muchas personas, para estar bien con los dioses o la deidad de turno. Así es como

funcionaba. Por eso decir—como lo hizo el escritor de Hebreos—
que Jesús fue el sacrificio último y final, era una idea novedosa
para todos aquellos que por generaciones se dedicaban a hacer
sacrificios animales. Ahora, no había necesidad alguna de seguir
haciendo sacrificios pues Jesús fue el sacrificio último que agradó
completamente al único Dios que en realidad importaba.

Posiblemente ya eso te sea familiar, pero creo que hay más.
Podemos decir más de esto.

En Colosenses leemos que Dios—por medio de Jesús—se
agradó de «reconciliar consigo todas las cosas, tanto las que
están en la tierra como las que están en el cielo, haciendo la paz
mediante la sangre» (Colosenses 1:20).

La vida en pareja es difícil y compleja. Yo creo que es difícil
contar las veces que las parejas discuten, las veces que hay heridas
entre los esposos. Las mujeres son distintas en muchísimos aspectos
a los hombres, y esto es una característica que ocasiona muchas
discrepancias, incluso desde el noviazgo. Personalmente, gracias
a Dios y a nuestros guías espirituales, mi esposa y yo hemos ido
aprendiendo a amarnos cada vez más. En el matrimonio cristiano
siempre debe haber un paso disponible que el esposo y la esposa
son conscientes que deben tomar: la reconciliación. El lidiar con
el problema, amarse, perdonarse, y volver a estar juntos y en paz.

¡Cuán maravillosa y única es la reconciliación!

San Pablo nos dice que en Cristo, Dios estaba reconciliando
consigo mismo todas las cosas. Él escoge un término muy común
para su audiencia como para nosotros, uno referente a las relaciones, y nos dice «Dios ha hecho las paces en Cristo».

Luego leemos en Romanos que «por su gracia son justificados
gratuitamente mediante la redención que Cristo Jesús efectuó»

(Romanos 3:24). El término «justificado» es uno de tipo legal, de los jueces y abogados, de culpa y castigo. Pablo habla acerca de nuestro mundo como si hubiera un tribunal en el cual somos culpables, parados frente al juez, sin esperanza.

También leemos en 2 Timoteo que Jesús «destruyó la muerte» (2 Timoteo 1:10). En 1 Juan 5:4 leemos que Cristo representa «la victoria que vence al mundo». Entendemos que «destrucción» y «victoria». Son metáforas de las guerras, soldados... es decir, que la obra de Jesús representa la victoria de la batalla contra el mal.

Por otro lado, en Efesios 1:7 leemos que «En él tenemos la redención mediante su sangre». Redimir algo es devolverle su valor, revaluarlo, comprarlo de nuevo.

Esto nos lleva a ver al menos cinco verdades: 1. La cruz es acerca del final del sistema de sacrificios; 2. La cruz es acerca de la reconciliación de una relación rota; 3. La cruz es acerca de uno que ha recibido justicia en un tribunal; 4. La cruz es acerca de una batalla que ha sido ganada; y 5. La cruz es acerca de la redención de algo que se había perdido.

¿No es esto maravilloso? El esperanzador punto de retorno.

Para estos escritores y los primeros cristianos en general, algo muy grande, significativo y con implicaciones cósmicas había ocurrido a través de la cruz de Jesús, y se dispusieron a comunicarlo a su público en un lenguaje que pudieran entender. Y entonces observaron el mundo que les rodeaba, identificando ejemplos, imágenes, experiencias, y metáforas que a sus oyentes y lectores ya les fueran familiares.

¡Cuántas cosas Jesús ha conquistado en la cruz!

Ahora, después de haber comentado algunas cosas sobre la muerte de Jesús en la cruz, evento que representa el retorno al origen dentro del círculo, hablemos un poco de la resurrección.

Aunque la crucifixión era algo muy común en los tiempos de Jesús, lo que hace diferente y única ésta crucifixión en cuestión, es la insistencia de los discípulos y seguidores de Jesús sobre lo que habían visto después de su muerte. Sus encuentros con el Resucitado los llevaron a creer que algo enorme—que tenía consecuencias para el mundo entero—había ocurrido. Y hay que entender que esta afirmación de una resurrección de los muertos no era una idea nada novedosa.

La primera vez que pude experimentar el invierno pude ver las hojas terminando de caer de los árboles y las plantas muriendo. Su color se torna marrón, se van marchitando, y van perdiendo su vida. En este estado se mantienen todo el invierno: inertes, muertas, sin vida. Unos meses más tarde, al llegar la primavera, pude observar como comenzaban poco a poco venir a la vida otra vez. Algunas veces, decidía caminar de la casa al instituto en el que estudiaba y viceversa, y cuando atravesaba aquellos hermosos parques ingleses, veía cómo las plantas iban creciendo, brotando, produciendo hojas y frutos nuevos. Lo que me llevó a pensar que, para que haya una primavera tiene que haber un otoño e invierno. Para que la naturaleza brote a la vida en primavera, primero tiene que morir. Muerte, luego resurrección. Esto es una verdad en el medio ambiente. La muerte da lugar a la vida.

Lo mismo sucede en nosotros. Detente un momento y piensa qué desayunaste o cenaste hoy.

¿Pollo?

¿Asado?

¿Cordero?

¿Vegetales?

Todas estas son cosas que estuvieron vivas en algún momento. Si comes algún vegetal, entonces fue uno que después de ser cosechado, fue arrancado de su raíz, desconectado de su tallo para llegar a tu plato. ¿Y esto para qué? para que puedas comerlos de manera que puedas vivir. La muerte de un ser viviente por la vida de otro. Es la cadena alimenticia.

Es increíble cómo millones de nuestras células están muriendo por segundo, solo para ser reemplazadas por un rango similar de millones por segundo. Nuestro cuerpo está reemplazando continuamente las células de la piel con otras nuevas. Así que cuando los escritores de la Biblia hablan acerca de la resurrección de Jesús como una que trae vida nueva para el mundo, no están hablando de un concepto nuevo. Están hablando de algo que siempre ha sido verdad. Es como funciona el mundo.

Por otro lado, también entendieron que la cruz y la resurrección eran un evento tan extenso como el mundo, y que se extiende a toda la creación. La resurrección de nuestro Señor entonces, inaugura una nueva creación, la victoria sobre la muerte y el pecado, y un punto de retorno hacia el origen. Esta es una gran verdad que debemos entender y creer: la tumba quedó vacía, un nuevo día ha llegado, todo está cambiando, la muerte y el pecado han sido conquistados, lo viejo se ha ido, lo nuevo ha llegado.

Cuando decimos que «Jesús vino a morir en la cruz para que podamos tener una relación con Dios», es algo que es cierto. No obstante, es una afirmación muy simplista y antropocéntrica; es decir, nos coloca como el centro. De manera distinta, para los cristianos primitivos, la obra de la cruz es algo mucho mayor y va mucho más allá, lo que la hace más maravillosa. Cuando presentamos a Jesús solamente como la respuesta para la salvación de unos individuos, corremos el riesgo de simplificar negativamente el evangelio. Lo convertimos en algo de proporciones únicamente humanas, cuando en realidad Dios ha inaugurado la renovación, restauración y reconciliación de todas las cosas en la Tierra y en el cielo, y hacer de toda su creación lo que se propuso originalmente en el Edén. La obra de Jesús no es sólo para un grupo de personas individuales. Su obra va más allá de los humanos.

Creo que si nos detenemos cuidadosamente en algunas de las narraciones donde se nos cuenta del Señor Jesús, nos daríamos cuenta que Él habla acerca de muerte y resurrección constantemente. Tanto de la suya como la de nosotros. Él nos llama a dejar ir, rechazar, renunciar, confesar, arrepentirse, y dejar atrás las viejas costumbres. Jesús nos habla de la vida que vendrá de su propia muerte, y promete que esa vida fluirá hacia nosotros en miles de formas a medida que nosotros nos determinemos a morir a nuestro ego, orgullo, a nuestra necesidad de tener la razón, nuestra autosuficiencia y rebelión. «Pero el que pierda su vida por mi causa, la encontrará» (Mateo 16:25).

Posiblemente por eso la cruz permanece y aparece en todos lados. Pues representa la obra que nos recuerda nuestros más profundos anhelos de ser parte de una nueva creación de Dios. Pues esto es lo que Jesús ha hecho y nos enseña a imitar. Muerte y resurrección. Vida vieja por vida nueva; una fallece, la otra brota. Viernes, luego Domingo. Mueres, y luego resucitas. Dios le ha agradado hacerlo de esa manera.

*   *   *

A veces hay situaciones y áreas de la vida en las cuales no ha habido un punto de retorno. Hay áreas en las que muchos siguen igual, sin ningún tipo de cambio. Así como en Cristo, Dios obró para la restauración de Su creación, ¿has dejado que Cristo dé un punto de renovación en cada una de tus áreas querido lector?

La obra de Cristo es el punto de restauración perfecta en la creación.

La muerte de Jesús ha resultado en un giro circular al origen de la creación buena que Dios pretendió desde el inicio. Un giro que va con vistas a la obra final de restauración de parte de Dios el Creador. También esa muerte ha resultado en la resurrección de Jesús, y en el futuro en la resurrección de los hombres; una obra que nos garantiza la renovación de la creación.

No obstante, la resurrección de Cristo no es un hecho separado de la crucifixión. Incluso, la resurrección debe ser entendida viendo la obra en la cruz, obra que es transcendente e inimaginable. Antes de la figura del Jesús resucitado, se dio la figura del Jesús crucificado. Es esto lo que veremos en el siguiente capítulo.

Capítulo 4

EL ESCÁNDALO DEL DIOS CRUCIFICADO

No importa cuán poderoso pueda ser Dios, el primer aspecto de Dios nunca es el de Amo absoluto, el Omnipotente. Es el del Dios que se pone a nuestro nivel humano y se limita.

— Jacques Ellul

CREO QUE NO PODEMOS HABLAR de la resurrección dejando a un lado la crucifixión de Jesús. Estos dos eventos me parecen inseparables el uno del otro. Posiblemente nos llevaría a muchos errores el separarlos o el tomar en cuenta solo uno de ellos por encima del otro.

El Jesús resucitado es el Jesús crucificado.

El Jesús crucificado es el Jesús resucitado.

¿No es un tanto escandaloso esto?

¿Un Dios crucificado?

Podemos llamar a ésto: el escándalo del cristianismo. Hombres y mujeres que adoran a un Dios herido, sufrido, asesinado, crucificado. La verdad es que sí es escandaloso, pero también es verdad que es la realidad del cristianismo. La única religión en la cual su deidad es sufrida.

Entonces, podemos preguntar: ¿cómo es realmente Dios?

Pues creo que esta es una de las preguntas más complejas que la teología puede hacer, aunque no hace falta ser un teólogo para hacer esta pregunta. Es una de las preguntas más básicas que enfrenta cualquiera que intente practicar la adoración o incluso sólo pensar en Dios. Pero ¿cómo responder a ella?

Nuestra capacidad de imaginar a Dios parece prácticamente ilimitada. Nuestra imaginación puede ir de un objeto simple y pequeño, a una estrella como el sol. Quizás debido a esta imaginativa natural en el ser humano, el judaísmo prohibió las imágenes de yeso o bronce.

El segundo de los Diez Mandamientos («No harás para ti escultura») impidió a Israel reclamar demasiada precisión acerca de su conocimiento de Dios. La imagen de Dios no sería tallada en piedra ni en bronce.

Y sin embargo, los cristianos hacen algo diferente; pues nosotros creemos que la imagen de Dios está definitivamente revelada en la vida de Jesucristo. Es Cristo Jesús la imagen revelada del Dios invisible. Jesús es la revelación de quién es Dios.

Por esta razón, la Iglesia en el Segundo Concilio de Nicea en el año 787, falló a favor de íconos, argumentando que desde que Jesús lleva la imagen perfecta de Dios (la palabra griega es ikon), los iconos son, por tanto, una parte aceptable del culto cristiano. Los Padres de la Iglesia reconocieron que en Cristo, Dios había dado a la humanidad, no un ídolo, sino un ícono de la naturaleza divina.

La confesión del Concilio de Nicea II fue más que un fallo en apoyo del arte santo de la iconografía cristiana, era también un reconocimiento de que, en la vida de Jesucristo, nos encontramos con una respuesta definitiva a la cuestión de cómo es Dios.

¡Dios es como Jesús!

El cristianismo es una religión peculiar. Adoramos a un «Dios crucificado». La mayoría de las religiones adoran alguna versión de un poderoso y glorioso dios; pero los cristianos somos los únicos en adorar a un Dios torturado, crucificado y traicionado.

Nuevamente, éste es el escándalo original de la fe cristiana, la adoración de un Dios que fue clavado en un madero.

A través de los siglos ha habido intentos de suavizar el escándalo de ésta verdad, dando explicaciones agradables. Las llamadas «teorías de la expiación» son quizás intentos de reducir el escándalo y sobre todo el misterio de la cruz a fórmulas racionales y utilitarias.

Algunas de estas teorías no son más que insuficientes, mientras que otras son hasta repelentes. Especialmente las teorías que en última instancia retratan a Dios compartiendo algunos atributos de las deidades paganas primitivas (2 Reyes 23:10; Jeremías 32:35; Levítico 18:21). Esto simplemente no es suficiente.

Por desgracia, en los últimos mil años, la Iglesia Occidental ha caído en la idea de que Dios requería la muerte violenta de su Hijo con el fin de satisfacer su honor, pagar la justicia y satisfacer su ira: una teoría que fue rechazada con prudencia en la Iglesia Oriental. Mientras tal idea es la posición oficial del protestantismo, los ortodoxos no la sostenemos.

Dada la influencia de la Reforma Protestante en occidente, el pensamiento de que Dios está enojado con los pecadores que han roto el pacto al desobedecer su ley, y por esto para saciar su ira necesita enviar a Jesús como el sacrificio perfecto por nuestros pecados, se ha convertido en la posición más abrazada..

La cruz es muchas cosas, pero no me parece una compensación para apaciguar a un Dios airado. La cruz es la revelación suprema de la naturaleza misma de Dios. En la cruz, Jesús no nos salva de Dios; en la cruz Jesús revela a Dios como Salvador. Cuando nos fijamos en la cruz no vemos lo que Dios hace, vemos quien Dios es.

En la cruz, Dios no se reconcilia a sí mismo con el mundo, sino que reconcilia al mundo con Él.

La cruz no es una escena de pago, es una imagen de perdón. El Calvario no es donde vemos cuán violento Dios es, es donde vemos cuán violentos somos nosotros. La cruz no es el lugar donde Dios desahoga su furia, es donde Dios salva al mundo a través del amor abnegado.

Cuando la cruz es vista a través de los lentes teológicos de castigo airado, entonces Dios es visto como un ser inherentemente violento que sólo puede ser apaciguado por un ritual de sacrificio violento. Los que están formados por este tipo de teología, albergan un profundo temor hacia el Dios que es una deidad amenazante de la que necesitan ser salvados.

Pero, ¿es esto cierto?

¿Es Dios un gigante vengativo cuya naturaleza esencial le obliga a descargar su ira sobre los pecadores con furia omnipotente?

En la cruz, vemos que Dios en su amor sufre con nosotros bajo el peso de nuestro pecado. Y vemos la forma escandalosa de un Dios: su fuerza está en la debilidad, su victoria es señal de rendición. Si queremos encontrar nuestra vida debemos perderla.

En la cruz Dios se inclina para salvarnos. No olvidemos jamás, que podemos encontrar a Dios al pie de la cruz.

Creo sin temor a equivocarme que éste es el punto central del objeto de la fe cristiana. La Palabra de la acción, en la cual Dios ha querido hacerse hombre desde la eternidad en Jesucristo. Así pues, se ha hecho hombre en el tiempo por nosotros y, es y seguirá siendo hombre eternamente por nuestro bien. Esa obra del Hijo de Dios encierra en sí la obra del Padre como condición previa y también la obra del Espíritu Santo como consecuencia.

La muerte de Jesús es la plataforma para poder entender la naturaleza de Dios, y para entender la voluntad de Dios en la resurrección del Crucificado. Debemos ver la resurrección desde la óptica de la cruz.

La cruz y la resurrección muestran al Dios que viene a nosotros, y a su justicia renovadora.

La esperanza de la resurrección no solo alumbra hacia el futuro donde la creación será renovada, sino también al misterio de la cruz de Jesús. Si con la resurrección ha comenzado ya el futuro restaurador de Dios, entonces con la muerte de Cristo «por nosotros» ha venido también la salvación. A la luz de la resurrección de Jesús, su obra en la cruz adquiere sentido salvífico, porque sólo la resurrección nos dice quién es el que murió en la cruz: el mismo Hijo de Dios.

La muerte del Señor Jesús en la cruz nos muestra el significado de la resurrección.

Cuando leemos en la Escritura que Cristo murió «por nuestros pecados» (1 Corintios 15:3), vemos que la causa de su pasión son nuestros pecados, la meta de su padecimiento es nuestra redención, la razón de su obra es el amor de Dios hacia nosotros. Por esta razón, es difícil de poner la resurrección de Jesús en armonía con explicaciones de su muerte que la conciben en el contexto de un Dios airado y que necesita desahogar su ira para restaurar su honor.

Debemos tratar de entender la cruz, como la cruz del Cristo. Verla de una manera escatológica más que histórica. Por supuesto que no hablo de negar la historicidad del hecho, hablo de cómo mirarla. Es decir, no verla desde un punto de vista histórico o cronológico secuencial, sino desde un punto de vista escatológico: del futuro al hoy. En este sentido, Cristo es la encarnación del Dios que viene a nuestra carne y a la muerte de cruz.

Entonces, de esta manera, el Cristo que ha resucitado antes que nosotros, se convierte por medio de su muerte, en el Cristo por nosotros. Por esto, si la resurrección de Cristo es un adelanto, entonces la resurrección, la justicia y la vida, benefician por la muerte de Jesús a todos aquellos que habían sido entregados a la muerte por su propia injusticia. Gracias a la obra de la cruz, el Cristo resucitado lleva justicia y vida a los injustos y a los débiles despreciados.

Jesucristo, por medio de su resurrección, trae el señorío futuro de Dios a la Tierra. Por medio de su resurrección, Cristo anticipa la futura justicia de Dios, y la hace irrumpir en la injusticia humana de nuestro mundo.

Gracias a la muerte de Jesús por nosotros, es que tenemos el beneficio de la nueva vida, de la resurrección. De modo que, los sufrimientos que vivió Cristo en la muerte de cruz por nosotros, trae esperanza a los desesperanzados, brinda futuro a los condenados, y nos da luz a los que sufrimos injusticias. De esto hablaremos con más detalles en el siguiente capítulo.

Una vez más, Jesús no ha muerto como un sacrificio expiatorio substitutorio para saciar la ira de la Deidad, en el que la ley volvió a ser restaurada como se concebía en el judaísmo. Murió por nosotros, para darnos a nosotros, personas muertas, parte en su resurrección y en su futuro de vida eterna.

En Cristo, quien se hizo pobre por nosotros, se nos abre la riqueza de Dios para nosotros.

En Cristo, quien se hizo esclavo por nosotros, se nos da la libertad de Dios.

En Cristo, quien se hizo pecado por nosotros, nos convertimos, nosotros pecadores, en justicia de Dios en el mundo.

Por cosas como las que he venido hablando hasta este momento, es que puedo decir: «soy cristiano». Si me preguntan, ¿por qué eres cristiano? Pues, me es suficiente con las razones que se basan en lo que he estado comentando.

La única razón, la única cosa que me ha mantenido siendo un cristiano a través de las etapas de mi vida –desde mi adolescencia cuando Dios me encontró, hasta hoy– es simplemente Jesucristo.

Soy cristiano por amor a Jesús.

Sin Jesús, la fe y la religión no tendrían nada de especial para mí. Sin Jesús, renunciaría a todas mis convicciones.

El dios postulado muchas veces en la sociedad de hoy, no es uno que me gustaría conocer. Un dios distante, abstracto, sin características emocionales, lejano e impotente, es un dios en el cual yo no estaría interesado en servir con mi vida.

Pero, ¡Jesús!

Jesús me asombra y sobrepasa cualquier expectativa.

Jesús vino y sufrió con nosotros. Él es nuestro hermano, es como uno de nosotros. Él amó profundamente, mostró gracia a muchos, y luchó apasionadamente contra las injusticias. Él fue celoso y santo, así como tierno, libre, y lleno de alegría. Él murió. Él lloró. Él fue tocado por nuestra condición humana.

Y si así es como es Dios, entonces ¡inscríbeme en la lista de seguidores!

Porque un Dios como Jesús es un Dios digno de tener, seguir, y adorar.

Jesucristo vive para todos nosotros.

¿No es un tanto escandaloso esto?

¿Un Dios crucificado?

¿Un Dios derrotado?

Dios es como Jesús. Y con esto quiero decir que el carácter de Dios lo vemos perfectamente reflejado en su Hijo. Dios revela su ser en la pasión y muerte de Cristo, y conocemos a Dios por medio de esta muerte por nosotros, y a favor nuestro. Si Dios es ése que murió en una cruz, entonces el Dios de la libertad, el verdadero Dios, no es conocido mediante su poder y gloria en el mundo, sino por su aparente impotencia y por su muerte en un madero.

¡Escandaloso!

Sin embargo, si vemos el presente capítulo como una moneda, debo decir que hay otra cara que debe ser mostrada, y es lo que haré a continuación.

Veamos algunos textos bíblicos:

1 Corintios 15:57: «¡Pero gracias a Dios, que nos da la victoria por medio de nuestro Señor Jesucristo!»

Romanos 8:37: «Sin embargo, en todo esto somos más que vencedores por medio de aquel que nos amó.»

2 Corintios 2:14: «Sin embargo, gracias a Dios que en Cristo siempre nos lleva triunfantes y, por medio de nosotros, esparce por todas partes la fragancia de su conocimiento.»

Colosenses 2:15: «Desarmó a los poderes y a las potestades, y por medio de Cristo los humilló en público al exhibirlos en su desfile triunfal.»

Creo que es claro ver en la Escritura que Dios efectuó varias cosas al enviar a su Hijo al mundo y a morir en el mismo. Por medio de Cristo, Dios se reveló como el Verdadero Dios, reconcilió todas las cosas con Él, perdonó nuestros pecados, sanó nuestra naturaleza, derramó su Espíritu, hasta nos dio una muestra de cómo es su reino. Todo esto puede ser resumido en: «Cristo es victorioso». Creo que podemos decir: la victoria de Cristo, para referirnos a todo lo anterior. Su victoria es nuestra victoria. Él vino a vencer el mal con su poder y amor.

En el Nuevo Testamento vemos una y otra vez la batalla espiritual que se libra en el mundo. También vemos a Cristo como el Único Poderoso capaz de vencer todo enemigo, y poner todo enemigo bajo sus pies (1 Corintios 15:25). «El Hijo de Dios fue enviado precisamente para destruir las obras del diablo» (1 Juan 3:8). Jesús se encarnó «para anular, mediante la muerte, al que tiene el dominio de la muerte —es decir, al diablo—, y librar a todos los que por temor a la muerte estaban sometidos a esclavitud durante toda la vida» (Hebreos 2:14-15). Jesús es el «hombre más fuerte» que desarma al «hombre fuerte» (Lucas 11:21-22). Jesús venció a la serpiente antigua (Génesis 3:15).

Leamos uno de los primeros sermones bíblicos en Hechos 2:32-35:

«A este Jesús, Dios lo resucitó, y de ello todos nosotros somos testigos. Exaltado por el poder de Dios, y habiendo recibido del Padre el Espíritu Santo prometido, ha derramado esto que ustedes ahora ven y oyen. David no subió al cielo, y sin embargo declaró: »"Dijo el Señor a mi Señor: Siéntate a mi derecha, hasta que ponga a tus enemigos por estrado de tus pies."»

Al parecer el apóstol Pedro estaba muy interesado en anunciar la victoria cósmica de Cristo Jesús. En Salmos 110:1 leemos: «Siéntate a mi derecha hasta que ponga a tus enemigos por estrado de tus pies»; Pedro nos dice que Jesús cumplió esas palabras. Que Dios pusiera a los enemigos como estrado, era lo mismo que decir que el reino de Dios había venido por medio de Cristo. Y así como un hombre fuerte es vencido por uno más fuerte, el reino de las tinieblas es vencido por el reino de Dios. Jesucristo ha liberado al cosmos de la opresión de los enemigos de Dios, por tanto también ha traído libertad a la humanidad entregándoles un nuevo reino, uno de amor, paz y justicia: el reino de Dios. En Cristo hay victoria, en Cristo hay libertad. Él nos ha liberado.

¡Cristo es el Señor pues ha vencido a los enemigos de Dios!

La esperanza es Cristo mismo, así como nuestra esperanza está puesta en Él. Hablar de Jesucristo es hablar de esperanza. Él es la esperanza de la humanidad, la esperanza de la Tierra, de la creación entera, de la existencia. Jesús es el Rey y Señor del universo, ese es el Evangelio.

Cristo Jesús es la gloria de Dios sobre la Tierra. Jesús quiere ayudarnos para que podamos ser reflejo de la gloria de Dios. En Cristo, Dios brilla una y otra vez, sin detenimiento sobre la creación. Él actúa como Dios en la creación y entre los hombres. Él posee la vida eterna y no perecerá incluso clavado en una cruz. Absolutamente nada, ninguna situación ni la peor de todas puede vencerlo, porque Él es victorioso. Venció, vence y vencerá por siempre. Él cumplió, cumple y cumplirá la misión que tiene.

Glorioso es Jesucristo. El Padre de la creación ilumina a través de Él.

Es por la obra de Jesús que la creación siente que se le ha dado esperanza nuevamente, porque ese Hombre entiende lo que se necesita hacer para que las cosas de Dios puedan volver a su orden, y las cosas dañadas y estropeadas de la Tierra puede ser nuevamente restauradas por Él. El Salvador es por Dios y es por nosotros.

Él es la gloria de Dios sobre la Tierra y la gloria del hombre ante Dios. Jesús viene como el único que es: Dios habitando en la Tierra. Entonces, Jesús es nuevamente con el Padre en el cielo; y la humanidad vive allí con Él. «Y en unión con Cristo Jesús, Dios nos resucitó y nos hizo sentar con Él en las regiones celestiales» (Efesios 2:6). Ahora ante Dios, hay destellos de la humanidad que estaba muerta: es la gloria de la humanidad en el cielo ante Dios a través de Cristo Jesús.

¡Oh glorioso Jesús!

Él es puesto en la creación. Sale al encuentro de los hombres. Cristo está en la creación, y vive en la creación. ¡Que misterio tan majestuoso el de Jesucristo! Él es capaz de ayudarnos. Cristo es poderoso para ayudarnos, para ayudar a la creación. Él está por nosotros y nuestra existencia.

«Yo soy la luz del mundo» (Juan 8:12). Aunque esto es cierto, para el hombre aún hay oscuridad, todavía es de noche mientras que los hombres estén ignorantes de éste hecho y Jesús no sea conocido. Nuestro mundo moribundo debe recibir luz. Llegará el día, en el cual la humanidad, toda conciencia, todo lo que está en el cielo y la Tierra, y bajo la Tierra conocerá que Jesús sostiene todas las cosas y que Él, como la gloria del Dios soberano, como el Hijo, gobierna y reina todo este mundo. Entonces, habrá un día en el cual la redención del Redentor alcanzará el cosmos.

Podría decir que toda la historia humana gira sobre la obra de Jesús. Absolutamente todo lo que ha pasado, gira sobre su obra, y va dirigido hacia el futuro de la humanidad. De la misma forma que desde el momento que la luz fue hecha en el principio, y a partir de ella todas las cosas fueron también creadas, así un tipo de luz es dada en Jesús. Se dirige particularmente hacia el hombre. El poder de la luz del Espíritu de Cristo ha sido implantado en la humanidad y produce el más grande crecimiento.

Cristo ha resucitado y vive entre nosotros. Él nos guía, nos conduce a su muerte, para que en la muerte de nuestra carne, su resurrección y su vida sea exaltada en nosotros para la alabanza y gloria eterna de Dios. Por medio de Él, Dios trae vida. Dios toma todo en sus manos. Por lo tanto, debemos morir con Cristo para que también seamos levantados y llenos de vida. Para que nos resucite, así como lo hará con la creación entera, y podamos vivir completa y gloriosamente.

Jesús está muy cerca de nosotros. Desde que Dios irrumpió la historia humana a través de Cristo y su obra, la restauración de la creación no ha parado. Dios continúa obrando en nosotros, y el Espíritu Santo y sus dones nos asisten, enseñan y nos guían. Podemos experimentar la paz, el amor, la bondad. Somos llenados de alegría y pasión. Es maravilloso que el Señor Jesús nos haga entender que lo que Él está haciendo en la Tierra es solo el comienzo. Nada está terminado aún. Nada está completo, nada es perfecto. Lo que se nos ha dado es la raíz, no el árbol. La semilla todavía debe crecer, y al final el fruto vendrá.

Es muy probable que hasta este momento te preguntes si de verdad todo será diferente en algún momento, si de verdad las cosas van a cambiar. Muchos intentos humanos han sido hechos por mejorar la humanidad, pero la verdad es que parecen estériles. Sea lo que sea que hagamos para cambiar los valores o la moral, parece no tener ningún efecto. Las reuniones de ayuda psicológica, las asociaciones que buscan ayudar al adicto, programas de concienciación, entre otras cosas, parecen no dar resultado del todo (o al menos no uno duradero).

No obstante, debemos entender algo, y esto es, que nuestra esperanza no ha sido construida sobre ideales humanos. Nuestra esperanza descansa en el hecho de que hay Uno que vive en el poder de Dios. Es cierto que todo lo terrenal está sujeto a lo falible, y Jesús tuvo que sufrir las limitaciones de la vida humana. Pero, Él ya no está sepultado. Él ha resucitado, lleno de vida está y tiene el poder para darla. Su resurrección no es algo que sólo pasó en el pasado. Hay resurrección hoy en día. Cada día hay miles que son encontrados por el Señor y Rey de la creación, pasando de muerte a vida.

De nuevo (quizá sonaré repetitivo, por lo que me disculpo), son muchos los cristianos que parecen estar solamente preocupados por la vida «del más allá». Y son éstos, los que por lo general están ilusionados con la idea de que Dios estará eternamente en el «cielo». Piensan que estamos condenados a sufrir las atrocidades de este planeta, para luego de ésta vida ser condenados o bendecidos dependiendo de nuestras creencias religiosas. Pero esto parece una incredulidad incierta y pesimista.

Querido lector, si tú estás aspirando a salir de este mundo para así ser libre en «otro mundo», entonces estás pagando impuestos al pecado y a la muerte. También estás mostrando un cierto odio implícito hacia la Escritura al rechazar la gozosa esperanza del reino venidero de Dios, al resignarte al destino fatal, dejando así las cosas como están sin importarnos la realidad actual del mundo. El plan de Dios para con la Tierra no está dañado, y su voluntad se cumplirá siempre.

Sería interesante preguntarnos cuál mensaje es más central dentro de la Biblia: ¿nuestra muerte, «huir al cielo», o el reino futuro de Dios sobre la Tierra? Vemos que de principio a fin, la Biblia habla sobre la venida de Dios. Cada palabra, verso, capítulo de la Biblia nos muestra que las semillas de Dios están siendo sembradas justo aquí. Fue aquí donde Jesús apareció, no arriba en un mundo invisible, ni alrededor del trono de Dios. Aquí en la Tierra Jesús ganó la batalla, y aquí es donde experimentamos su victoria, dónde Él nos sale al encuentro. La victoria sobre el pecado y la muerte fue aquí en la Tierra.

Es triste ver que muchos han convertido y reducido la gracia de Dios solamente al perdón de los pecados. Pero, hay más. ¡Hay mucho más!

Tenemos una gran misión, y es mostrar el poder de la resurrección. Debemos poner nuestra mirada en lo alto, en un poder mayor que no es de este mundo. ¿Sabes algo? Este poder no está lejos, porque Cristo vive. A Él le importa la Tierra tanto como los cielos, «venga tu reino, hágase tu voluntad en la tierra como en el cielo» (Mateo 6:10). Su victoria está a nuestro alcance. Tenemos posibilidades. Hay esperanza.

Cristo es esperanza.

Por esa razón, podemos brindar esperanza a otros cada día. El poder de Dios está listo para ser llevado a cada situación humana, y transformarla.

Así que no nos enfoquemos en las maldades e imperfecciones de este mundo. Los que piensan que las cosas deben ser hechas por medios humanos están equivocados (2 Corintios 10:3-4). No son nuestras fuerzas, es el poder de Dios. Si Cristo es victorioso, entonces nuestra felicidad depende de Dios ejerciendo su poder, no de nosotros ejerciendo el nuestro (Salmo 92:4).

El que está en Cristo experimenta realmente una variedad de poderes divinos. Y esos poderes de Dios vienen a nosotros por medio de la obra de Cristo, y el trabajo del Espíritu Santo. Esto es lo que significa estar resucitado con Cristo y vivir en su victoria. Cristo ha vencido principalmente al pecado y a la muerte. Nosotros podemos vivir en esa victoria también, y al mismo tiempo brillar en nuestro entorno experimentando esas verdades.

Entonces, hay esperanza. De eso estoy completamente seguro, y es lo que quiero demostrar con este libro.

Conozco muy bien los horrores que se viven en este mundo. He vivido de cerca algunos de esos horrores. La muerte, el robo, la injusticia, la maldad, la envidia, la exclusión, el desprecio, el rechazo. Estoy seguro que tú también has vivido algunas de estas cosas. Pero, déjame decirte que ¡hay esperanza, Jesús ha ganado!

Creo que muchas veces es fácil perder la mirada del camino debido a todas las cosas de este mundo. Es cierto que lo que mayormente vemos es corrupción por todos lados. A medida que pasa el tiempo, el poder del pecado, de la incredulidad y de la muerte, parece tomar fuerzas. Pero si de algo debemos estar convencidos, es que la redención está en la mente de Dios. El propósito de Dios es que ninguna parte de su creación perezca. El pueblo de Dios es la generación final que será la mayor bendición para la Tierra, un pueblo gozoso, santo y lleno de esperanza, luz para todas las naciones.

Es posible que cerca de ti haya injusticia, que en tu país reine la muerte, el pecado y la corrupción, pero ése no es nuestro destino ni son los resultados finales. Debemos parar de una vez por todas de decir «bueno, es la voluntad de Dios. Lo que será, será». Muchas veces escucho a muchos decir esto de una manera tan pesimista que parecen discípulos de Schopenhauer[1]. ¡No! Debemos resistir. Así como Moisés se esforzó por tener compasión, paciencia y fidelidad con el pueblo rebelde de Israel, nosotros, con el mismo valor debemos proclamar que la luz ha irrumpido definitivamente en la oscuridad. La voluntad de Dios es la salvación y la sanidad. Cuando los poderes de las tinieblas proclamen desesperanza a nuestra situación, recordemos: ¡Cristo ha vencido!

Cristo es el poder de Dios para llevarnos a la salvación. Él reconcilia todo lo que esta dañado. Por eso, aunque el mundo parezca estar cayéndose en pedazos, no perdamos el coraje. No debemos dejar que nuestro corazón desfallezca porque Dios parezca retrasarse. Dios ha sellado el mundo con el nombre de Cristo Jesús. Jesús es el vencedor, Él es victorioso. Esto debe ser oído hoy en cada rincón. Si hay alguien a tu lado en este momento, dile: «Jesús es victorioso».

«El pueblo que habitaba en la oscuridad ha visto una gran luz; sobre los que vivían en densas tinieblas la luz ha resplandecido» (Mateo 4:16). Jesús vino al desesperado, al que estaba sin esperanza, al condenado, al asesino, al enfermo, al miserable, vino a todo aquel sin consolación ni dignidad. Dios nos ha amado, y luz nos ha resplandecido. La luz del amor. El Evangelio del amor

---

1   Arthur Schopenhauer fue un filósofo alemán. Schopenhauer sostenía cierta inclinación filosófica a pensar que vivimos en el peor de los mundos posibles, un mundo donde el dolor es perpetuo. Consultar su obra Die Welt als Wille und Vorstellung (El mundo como voluntad y representación).

de Dios presente en nuestra oscuridad. No deberíamos temer, porque Cristo ha vencido la oscuridad y la maldad.

Cristo es victorioso.

Su victoria es nuestra victoria.

Cristo ha vencido la muerte, ha vencido al diablo, ha vencido el pecado, ha vencido las tinieblas.

Quizás estarás pensando «cómo puede ser Cristo vencedor, y nosotros vivir en un mundo que se destruye, ¿no deberíamos hacer algo?». Primero, recuerda que Cristo ha cambiado nuestro rumbo: de la destrucción inminente a la restauración absoluta. Aunque ciertamente seguimos en un mundo defectuoso, creo que con lo que hemos venido hablando hasta este momento ya tenemos una cosmovisión más centrada y esperanzadora, para pensar y abordar en los próximos capítulos, las cuestiones que nos atañen en nuestro mundo actualmente.

*   *   *

De esta manera damos fin al cuarto capítulo y a su vez a la primera parte del libro. Ruego a Dios, haya sido para ti muy grato y gozoso nuestro recorrido hasta acá querido lector.

Creo que lo que he planteado en este capítulo representa columna vertebral del libro que tienes en tus manos. Es importantísimo la comprensión clara y completa de este capítulo para un correcto entendimiento de todo el libro. Por tanto, recomiendo que si quedaron dudas en este capítulo, puedas leerlo nuevamente.

Cristo Jesús y todo lo que Él representa como figura religiosa, como hombre y como Persona Divina, nos es la manifestación perfecta y completa para que podamos ser *más humanos y más espirituales.*

Capítulo 5

RESPUESTA A UNA CARTA NAVIDEÑA

*Paz significa darse por completo al mandamiento de Dios con
fe y obediencia, poniendo el destino de las naciones en la mano
del Dios Todopoderoso. Las batallas se ganan, no con armas,
sino con Dios. Se ganan cuando el camino conduce a la cruz.*

— Dietrich Bonhoeffer

DEFINITIVAMENTE VIVIMOS EN UN MUNDO inteligente donde los avances tecnológicos son incontables.

Es muy fácil en nuestra actualidad atravesar el tiempo y el espacio por medio de inventos humanos. La ciencia avanza cada vez más. La física cuántica nos asombra todos los días. Pero muchos de esos mismos avances causan la pérdida de millones de vidas. El estado, los gobiernos y las filosofías políticas son siniestras potencias de nuestra civilización. Es increíble lo que ha producido una humanidad estropeada.

El siglo XX fue una época marcada por mucha violencia, muerte y guerras. Podríamos decir que fue un siglo que manchó considerablemente la historia de la humanidad. Sin extenderme mucho, puedo mencionar las de 10 a 31 millones de muertes solo en 4 años de la Primera Guerra Mundial. En la Segunda

Guerra Mundial perdieron la vida aproximadamente 54 millones de personas. Si contamos por dictador, a Adolf Hitler se le atribuyen unas 17 millones de muertes, a Josef Stalin unas 23 millones de muertes, y a Mao Zedong (conocido también como Mao Tse-tung) unas 78 millones de muertes. Ahora estamos en el siglo XXI, un siglo notable por sus avances tecnológicos, de una civilización cuasiperfecta; sin embargo, aunque no se están produciendo muertes de esa magnitud, aún hay guerras, aún hay dictadores, aún hay muertes por miles de razones, aún hay odio en nuestros corazones hacia el prójimo, y aún hay indiferencia de nuestra parte ante los que sufren y son despreciados.

En nuestros días, muchos estamos preocupados por la terrible condición humana—tanto a nivel individual como social—que vemos en nuestro entorno. Basta con salir a la calle y ver la necesidad y el sufrimiento de las personas. Y si no queremos ir tan lejos, pues dentro de nosotros mismos podemos ver sufrimiento de cualquier tipo.

Muchos sueñan con un mundo en el cual no haya más que paz.

Cuando yo era niño, escribía cartas en navidad al «niño Jesús» como se le llama en Venezuela, (en otros países se le escribe a Papa Noel, Santa Claus, San Nicolás). Por lo general, cada carta contenía un saludo inicial al «niño Jesús». Luego, uno le contaba sobre cómo fue su comportamiento durante todo el año, y luego la petición personal sobre cuál regalo quería obtener en esa navidad. Recuerdo que siempre yo quería el juguete de turno en la publicidad navideña de los canales de televisión. Carros a control remoto eran de mis favoritos, así como muñecos y juegos de mesa. Finalmente, en la carta no podía faltar la petición más inocente de cualquier niño: «la paz del mundo».

Creo que para los niños es normal pedir paz mundial y aún como adultos es correcto que soñemos con la paz. Pero si el Dios del que hemos hablado en los capítulos anteriores, si ese Dios que hizo el mundo y tiene nuestras vidas en sus manos no es reconocido, si rehusamos a volvernos a Él como lo único que necesitamos y a actuar conforme a su ejemplo abnegado y amoroso, entonces el sueño de paz se alejará y llegará a convertirse en algo más que una tonta fantasía.

Podemos organizarnos, crear una nueva política, un nuevo orden, un nuevo sistema. Podemos tomar a los mejores sociólogos, políticos, los más respetados y sinceros seres humanos. Y aún así nos daremos cuenta que todo continuaría casi de la misma manera. Aparte de Dios, no seremos capaces de eliminar la corrupción y la obstinación de nuestros corazones, así como tampoco la enemistad entre nosotros. La verdad es que no tenemos esperanza de crear un mundo saludable por nuestras propias fuerzas. Podemos tratar de reparar el mundo, pero si no aprendemos del Luthier sino que más bien lo ignoramos, nuestros esfuerzos serán en vano.

No podemos formar una sociedad de verdad y justicia sin Dios.

Nada puede ser resuelto sin Él.

Posiblemente el obstáculo más grande para el reino de Dios somos nosotros mismos. Nuestras ideas y nuestras soluciones han llevado a muchas naciones a la destrucción. Además, muchos no estarán de acuerdo conmigo en esto, pero aún una institución cristiana tampoco sería la solución.

No es un partido político cristiano la solución.

No es una doctrina cristiana.

No, no y no.

Sin Jesús, el victorioso Dios crucificado, nada somos… estaríamos perdidos (Juan 15:5).

Si no hay un avance en nosotros, si no logramos una victoria sobre nuestro ego, si Dios no recibe el honor, estaremos perdidos. Por lo tanto, atendamos a la invitación que el Señor nos ha hecho. Jesús mismo nos manda a luchar contra nosotros mismos, no con nuestras fuerzas sino con las del Señor.

Cristo se opone a cualquier injusticia con la mismísima justicia de Dios, y Él batalla contra todo lo que se le resiste precisamente porque Él ganó la batalla; Él anuló «la deuda que teníamos pendiente por los requisitos de la ley. Él anuló esa deuda que nos era adversa, clavándola en la cruz. Desarmó a los poderes y a las potestades, y los humilló en público al exhibirlos en su desfile triunfal» (Colosenses 2:13-15).

Como individuos y como comunidad, tenemos una guerra contra la muerte, la maldad, la injusticia, el racismo, la exclusión y muchas otras cosas más. En la batalla contra todas estas cosas es difícil para muchos sentir paz. Pero la paz no es una quietud armoniosa, nuestra paz es que tenemos a Uno que ha vencido, y que trabajamos para Él. Uno que vino en carne a destruir las obras de la carne. Solo podemos batallar con la ayuda de Jesús, quien nos da la victoria, pues Él ha vencido.

Por la gracia de Dios podemos irrumpir y debilitar las leyes de nuestra naturaleza pecaminosa. Leemos en Romanos que hemos sido «liberados del pecado y se han puesto al servicio de Dios» (6:22), así como también «hemos quedado libres de la ley, a fin de servir a Dios con el nuevo poder que nos da el Espíritu» (7:6). La verdad es que NO le pertenecemos al pecado. Dios no nos creó para ser pecadores.

Ser pecadores es nuestro falso «yo».

Lo que somos en el estado pecaminoso no es lo que verdaderamente somos. El pecado es cuando escogemos glorificarnos nosotros en vez de glorificar a Dios. Nos escogemos a nosotros y no a Dios.

Solo cuando Dios habita en nosotros es cuando somos verdaderamente humanos.

No tengamos miedo porque Cristo ha vencido y es victorioso sobre los enemigos. Aún cuando pecamos, somos libres. La victoria de Cristo está de nuestro lado, y no necesitamos más nada. Y de esta manera, estamos en movimiento hacia el Nuevo Cielo y la Nueva Tierra; es decir, la renovación de toda la creación de la que hablamos en el primer capítulo.

¡Cristo es victorioso!

Necesitamos a Jesús para ser libres de nosotros mismos, para vencer en nosotros los poderes del mal. Necesitamos colocar nuestras vidas ante Aquel que ha venido a ser la base y fundamento de un nuevo y glorioso mundo.

Dios está obrando. Somos siervos y ayudantes para la construcción del reino de Dios. Le pertenecemos a Jesús, no al mal. Así como hablamos en el capítulo anterior de Dios revelándose completamente en Jesucristo, así también Dios se puede revelar en nosotros y hacernos más y más libres, al mismo tiempo que nos hace alumbrar con su luz a otros.

La victoria de Cristo está en el mundo, y nos muestra que le pertenecemos solo a Él.

Nuestro objetivo es la liberación de los hombres, porque el propósito de Dios es la gran redención, la liberación total del pecado y la muerte. Entender eso y accionar a partir de allí, es la intención de este libro: que seamos con otros, como Dios ha sido con su creación.

La muerte es un hecho mientras estemos viviendo por nuestros deseos egoístas, pero tan pronto vivamos por el Espíritu, entonces la vida prevalece en nosotros (Romanos 8:2). En Cristo Jesús, la muerte ya no tiene parte. Es obvio que vamos a morir físicamente. Esto no puede cambiar. Pero si nos rendimos a la obra del Dios crucificado, la vida y la resurrección serán reveladas en nosotros.

«La muerte ha sido devorada por la victoria. ¿Dónde está, oh muerte, tu victoria? ¿Dónde está, oh muerte, tu aguijón? ¡Pero gracias a Dios, que nos da la victoria por medio de nuestro Señor Jesucristo!» (1 Corintios 15:54b, 55, 57).

Nuestro Salvador trasciende cualquier muerte, y más bien nos dice: ¡Vive! ¡Yo vivo, ahora tú también vivirás!

Dios, a través de Jesús el Cristo, ha acercado su reino.

El reino de Dios está aquí… el reino de Dios se ha acercado.

El reino está dentro de nosotros, como decía Tolstói en su obra.

Dios tiene algo disponible hoy –y no solo para el futuro– para el miserable, para el pobre, para el despreciado, para el enfermo, para el esclavo, para el cautivo, para el explotado, para el rechazado, para el pecador.

¡Hay esperanza hoy!

Lamentablemente, muchas personas desesperan. Al punto, que Jesús se vuelve un extraño, y otros lo ven como alguien poco confiable. Pero Cristo es el Único que destruye la muerte misma. La misma victoria de Jesús va mucho más allá de las paredes de la iglesia. El Señor nos da consolación, y Él trae más que consuelo,

Él quiere cambiar nuestras vidas. Él trae una nueva vida, y hace que las sombras de la muerte se dispersen.

«Él compartió esa naturaleza humana para anular, mediante la muerte, al que tiene el dominio de la muerte –es decir, al diablo–, y librar a todos los que por temor a la muerte estaban sometidos a esclavitud durante toda la vida» (Hebreos 2:14-15).

¡Cristo vino a traer vida!

Cristo vino a darnos victoria en su victoria. Victoria que disfrutaremos plenamente en la consumación de su reino. No obstante que podemos disfrutar y experimentar hoy.

Debemos proclamar la victoria de Jesucristo en este mundo. Debemos anunciar su señorío y su reino. Debemos repetir una y otra vez la abolición de la muerte por medio de la muerte de Cristo Jesús.

La muerte es como una bacteria, está viva y busca propagarse por todos lados. Ella hizo estragos significativos en el siglo pasado. Pero más allá, la muerte busca también matar nuestra alma. Es por esto que debemos distinguir entre las cosas de Dios y las cosas del mundo. Lo más importante es que veamos y nos apropiemos de la victoria de Cristo, victoria que es nuestra también. Victoria que convierte a muertos en seres vivientes.

La muerte no tiene la última palabra, la tiene Jesús.

Si Jesús es un extraño para ti, entonces debes gemir y buscarle hoy. Pero si está cerca de ti, entonces cree, y te librarás de la muerte.

Que tú miseria o la mía, no nos separe de Él.

El victorioso Rey y Señor, no dejará que las fuerzas de la destrucción ganen. Cristo no lo permitirá, Él quiere que vivas. Él hace que la semilla crezca. Su reino está aquí, y no tendrá fin jamás. Él quiere que seamos parte de ese reino, y que construyamos juntos en pro a su reino eterno.

Durante mi vida me he topado con personas con dificultades, con enfermedades, con miseria. En verdad es difícil vivir en condiciones de este tipo. Personalmente, me tocó vivir una etapa de mi vida en la cual la pobreza nos arropó a mi madre, mis hermanos y a mí. No teníamos para comer, sino solo una cosa para toda una semana. Algunas enfermedades nos atacaron. Aún la violencia familiar nos visitó por un tiempo. Fue una época muy difícil para mí como niño, y aún si hubiese estado un poco mayor, también hubiese sido duro. Por eso, ante las situaciones de este tipo, que nos entristecen, nos hacen llorar, quejarnos, debemos recordar que Cristo ha vencido. Debemos alegrarnos en nuestras tribulaciones. Seamos fieles.

El apóstol Pablo nos recuerda: «Hermanos, no queremos que desconozcan las aflicciones que sufrimos en la provincia de Asia. Estábamos tan agobiados bajo tanta presión, que hasta perdimos la esperanza de salir con vida: nos sentíamos como sentenciados a muerte. Pero eso sucedió para que no confiáramos en nosotros mismos sino en Dios, que resucita a los muertos» (2 Corintios 1:8-9).

Esa es una clave importante para avanzar en este mundo hostil: confiar menos en nosotros y confiar más en Dios. Esto es tan sencillo: Dios es poderoso y puede hacer más en tu vida en poco tiempo de lo que tú mismo puedes hacer. ¿Te ha costado vencer tu naturaleza malvada, tus pecados? O incluso ¿te ha costado alcanzar alguna meta? Necesitas más de Dios, y confiar más en Él.

Cuando revisamos las palabras del Señor Jesús nos damos cuenta que Él no nos dice «trabaja duro y estrésate completamente para que muevas las montañas». No, Jesús nos dice: «si tienen fe tan pequeña como un grano de mostaza, podrán decirle a esta montaña: "Trasládate de aquí para allá", y se trasladará» (Mateo 17:20). Ten fe y confianza en que Dios hará.

Dios quiere que aprendamos a ser felices a pesar de las situaciones difíciles que encontramos en este mundo defectuoso, confiando que Él nos dará exactamente lo que necesitamos.

¡No debemos resignarnos al sufrimiento! No estoy hablando de eso.

Tenemos esperanza en Aquel que se ha entregado por nosotros. El que hace la vida florecer está de nuestro lado. Jesús está con nosotros ahora y por la eternidad.

Hay vida en su nacimiento.

Hay vida en su muerte.

Hay evidencia de ello en su resurrección.

Por Él, hay vida aún en las miserias humanas. Hay vida para el ciego, para el afligido, para el moribundo, para el pobre, para los pecadores, para los justos, para todos hay vida.

Cristo es el Señor de la vida. Él es el primogénito de la resurrección. Él es el Hombre Nuevo, el que no permitirá que nosotros permanezcamos como muertos. Una verdad que debemos entender y creer, y aún repetir, Jesús nació en nuestro mundo y en nuestra propia experiencia de vida. Así mismo, Él resucitó de la existencia muerta nuestra para que también nosotros, que nacimos en este mundo, seamos personas llenas de vida.

Por esta razón, entendemos que Jesús vive en nuestro mundo. Él está aquí mismo entre nosotros. Él es nuestro Señor y Rey, y no es uno escapista. No es uno que huye, ni está interesado en arrebatar a un grupo y separarlos de la humanidad impía. No. Él mismo permitió ser llamado pecador entre pecadores, glotón y bebedor, y otras cosas. Esto es un ejemplo también para nosotros. La misión no es separarnos y dividirnos en grupos de «salvos» y «no salvos». La misión es anunciar a Jesucristo como Rey y Señor de toda la creación. Anunciar a los muertos, que Cristo está vivo. Decirle al que se siente indigno, que siente que su vida no tiene valor alguno: tu vida es digna, ya que el primogénito de entre los muertos ha venido a la vida y está aquí, por y para nosotros.

¡Hay esperanza!

¡Hay vida nueva en Cristo Jesús!

Así como Jesús, tú y yo nos levantaremos de la tumba.

Lo que más me entristece es que muchos cristianos saben ésta verdad: que Cristo ha vencido, y la mayoría solo están sumergidos en sus propios problemas y en su propio dolor. Sus mundos giran a su alrededor. El resto del mundo queda sin importancia. ¡Cuán egoísta es esta actitud! Muchos ven a otros en peor situación pues no tienen entendimiento de la victoria de Cristo, y aún sin conocimiento del mismo Jesús, y los llamados cristianos no hacen nada. Somos odiosos y egoístas en nuestros propios corazones. A menos que venzamos esta actitud poco cristiana, no conoceremos completamente la victoria de Jesús así nos llamemos cristianos a nosotros mismos.

Quien conoce realmente la victoria del Cristo, no puede callar.

Puedes ser el más religioso de todos, pero si el amor de Dios no aparta de ti el odio y la indiferencia, no podrás experimentar los frutos de la vida y resurrección de Cristo. El odio no es necesariamente el enemigo del amor, es la indiferencia. Solo Cristo puede hacernos libres con el amor que el Padre tiene por todos. Éste amor llena la creación y trae consolación y esperanza. Donde sea que haya corazones que no estén llenos con el amor de Dios, habrá muerte y desesperación. Así que deja que el amor de Dios llene tu corazón y puedas experimentar el reino de Dios. Así entonces, el deseo de que exista la paz en el mundo se hace más probable.

Solo Dios puede responder nuestras cartas navideñas, de hecho lo ha hecho en la obra de Cristo. Jesús es la justicia, el amor, y la paz que todos anhelamos. Su reino es la venida de ese orden divino. Dios no nos llamó para que nos amáramos y centráramos en nuestras propias vidas. Hemos sido llamados a vivir amando y honrando a Dios y al prójimo. El camino al reino es a través de la muerte, la verdadera muerte. Exige la renuncia total a la vida propia por amor a Dios y a su reino (Marcos 8:35).

Su reino está irrumpiendo como la respuesta a nuestras cartas, Jesús trajo consigo ese reino.

El gobierno soberano de Dios se está estableciendo en la realidad actual, en la creación buena de Dios. Y Él mismo es el único Rey y Señor de su gobierno… Él es el presidente.

*   *   *

Con lo dicho anterior comenzamos la segunda parte de nuestro recorrido querido lector.

La verdad es que todos los días ponemos nuestra esperanza en juego.

No sabemos nada sobre nuestro futuro. No sabemos qué habrá de ocurrir a tal hora. Podrán venir enfermedades, males, violencia, escasez, dictaduras, accidentes, fracasos personales. Incluso antes de que se termine este día, es posible que hayamos tenido que enfrentarnos a la muerte, el dolor, el robo, la agresión, una fuerte discusión con algún familiar, una pérdida o un rechazo.

Aun así, a pesar de nuestras limitaciones con respecto a este conocimiento del futuro, te digo algo amado lector: Dios logrará su voluntad, e insisto alegremente en vivir con la esperanza de que nada me podrá separar del amor de Cristo.

¡Esto también es para ti!

Por esta razón, me he propuesto a vivir—y aún te animo a que debemos vivir no según nuestros sentimientos por Dios sino por los hechos y la verdad de Dios.

Las depresiones que vienen por las circunstancias no pueden detenerte; escoge creer en Dios. Si te fracturas una pierna, eso no te hace ser menos. Nadie te odiará por eso. De la misma manera, cuando se fractura tu fe o se lastiman tus sentimientos, Dios no te abandona ni te rechaza.

Nuestros sentimientos son importantes para muchas cosas. Son esenciales y valiosos. Nos mantienen consciente de gran parte de lo que es real y verdadero. Pero no nos dicen casi nada acerca de Dios y nuestra relación con Él.

Nuestra seguridad debe venir de quién es Dios, no de cómo nos sentimos.

El seguir a Cristo es la decisión de vivir de acuerdo a lo que sabemos acerca de Dios, no de acuerdo a cómo nos sentimos con respecto a Él, o a nosotros, o a nuestro prójimo.

Esto debe ser parte de nuestra espiritualidad, lo cual nos llevará a consolar y animar en el Señor a aquellos afligidos. Nos hacemos *más humanos* y *más espirituales*.

Capítulo 6

EL PRESIDENTE QUE TODOS QUIEREN

Jesús es el Señor, y todo lo demás es basura.
— Stanley Hauerwas
Una vez abolida la divinidad, el gobierno se convierte en Dios.
— G.K. Chesterton

L A OBRA DE DIOS EN JESUCRISTO es central para la fe cristiana, y las implicaciones—así como el alcance de ésta obra—son inimaginables. Nuestra mirada, nuestros pensamientos, y nuestro corazón deben estar cada día puestos en Cristo Jesús, en lo que Él es, en sus palabras, en su manera de vivir, en su muerte, en sus enseñanzas, en su resurrección, y todo lo que ella implica.

Jesús nos ha mostrado qué es ser un hombre verdaderamente. Él es el modelo perfecto que debemos imitar. Su ejemplo debemos seguir y repetir, de esa manera alumbrar y disipar las densas tinieblas que hay entre nosotros. Sus hermosas parábolas y sus trascendentes palabras en el conocido sermón del monte (Mateo 5-7), deben ser proclamadas a todo el mundo.

¡Que en cada rincón del mundo retumben las palabras de Jesucristo!

Cuando hablamos del «reino de Dios», es lo mismo que hablar del «reino de los cielos». Es decir, hablamos del reino soberano de Dios, el reino de Aquel que habita el cielo. Y con la venida de Jesús, con la encarnación de Dios, ése reino soberano de Dios, ése gobierno, ha irrumpido la Tierra.

El propósito de Dios no es que huyamos, no es excluirnos de nuestro entorno, sino más bien que seamos agentes de transformación en esta Tierra: embajadores del reino. Leemos al apóstol san Pablo diciendo: «Por lo tanto, si alguno está en Cristo, es una nueva creación... Dios estaba [en Cristo] reconciliando al mundo consigo mismo... y encargándonos a nosotros el mensaje de la reconciliación. Así que somos embajadores de Cristo» (2 Corintios 5:17-20). De esta manera, nosotros anticipamos el día en el que Dios establezca su reino eterno sobre la Tierra, y toda ella sea llena del conocimiento del Señor.

Leemos en Apocalipsis 11:15: «El reino del mundo ha pasado a ser de nuestro Señor y de su Cristo, y él reinará por los siglos de los siglos». Y este reinado ya ha comenzado.

¡Que gloriosa verdad!

¡Hay esperanza!

Creo que cualquier persona que está unida de alguna manera con Jesús, está unida también con el reino de Dios. Tal unión es debido a que la centralidad de las enseñanzas de Jesús fue el reino de Dios. Quien busca a Dios y se encuentra con cuestiones acerca del reino en el cuál la justicia, la paz y la verdad estarán tomadas de la mano (Salmo 85:11), también puede ver ése reino al mirar a Jesús y a los hechos que ocurrieron por medio de Él, y que aún ocurren hoy por medio de su Espíritu. Jesús es nada más y nada menos que el reino de Dios en persona.

Jesús y el reino de Dios… El reino de Dios y Jesús.

Si queremos aprender sobre el «reino de Dios», simplemente debemos mirar a Jesús. Y si queremos entender quién es Jesús, entonces debemos experimentar el reino de Dios. El reino de Dios, es un gobierno de amor, paz, justicia: un nuevo orden divino de la condición humana.

Es evidente que el completo establecimiento del reino de Dios se puede realizar con la intervención de Dios en la persona de Jesucristo, por medio de una renovación total del mundo y el renacimiento del planeta Tierra. Pedro dice que la Tierra pasará por fuego y luego será renovada del todo (2 Pedro 3:12-13). En Apocalipsis se lee que en el nuevo dominio de Dios la Tierra será transformada hasta tal punto que ni el mismo sol se necesitará más, ya que no habrá sino luz (Apocalipsis 21:23).

El reino de Dios no es solo una verdad que debemos creer sino una que debemos vivir. Vivir hoy conforme al reino. Que nuestras vidas sean compatibles con la vida del Señor Jesús en los días de su encarnación. El Señor es el mismo ayer, hoy y para siempre, y nuestra meta es imitarle, viviendo desde este mismo instante de acuerdo con su reino; es decir, en armonía con la forma en la que se manifestará en el futuro: justicia, paz, amor, respeto, entre muchas otras cosas.

Muchas personas quieren separar el reino de Dios de la realidad de la historia humana. Prefieren ver el «reino de Dios» como simplemente el «cielo», como esa otra dimensión etérea, abstracta, y gnóstica. De esta manera, no les importa vivir sin tomar en cuenta la llegada de ese gobierno absoluto de Dios a la Tierra, y a nuestra realidad humana. Sin embargo, esto es una ilusión.

¡El reino es para ti y es para hoy!

El reino de Dios se revela en la presencia de nuestro Señor Jesús. Por eso, en la primera epístola de Juan (1:1-3) leemos: «Lo que ha sido desde el principio, lo que hemos oído, lo que hemos visto con nuestros propios ojos, lo que hemos contemplado, lo que hemos tocado con las manos, esto les anunciamos respecto al Verbo que es vida. Esta vida se manifestó. Nosotros la hemos visto y damos testimonio de ella, y les anunciamos a ustedes la vida eterna que estaba con el Padre y que se nos ha manifestado. Les anunciamos lo que hemos visto y oído, para que también ustedes tengan comunión con nosotros. Y nuestra comunión es con el Padre y con su Hijo Jesucristo».

¡Es hora de proclamar el reino de Dios!

¡Es hora de proclamar a Jesucristo!

Cuando se proclama el señorío soberano de Cristo, suceden milagros. La proclamación del reino de Dios significa sanidad, milagros, paz, justicia, amor… los ciegos ven, los cojos caminan, los leprosos quedan sanados, los sordos comienzan a oír y los muertos resucitan (Mateo 11:15).

Mucho de esto lo vemos en la obra de Jesús.

Vemos el reino de Dios en las parábolas. Por ejemplo vemos en Marcos 4 un grupo de parábolas sobre el hombre y la naturaleza. Tenemos allí la parábola del sembrador, la parábola de la semilla y la del grano de mostaza. Todas ilustraciones del comienzo, y el desarrollo de la esperanza. El que va y «salió a sembrar…» esparciendo las semillas sobre la tierra, es porque esa persona tiene la esperanza de que crezcan y den fruto. Entonces, es con el reino de Dios que las semillas son esparcidas en nuestras vidas para que crezcan y den fruto en nosotros.

En Marcos 13:28-29, se compara el reino con el verano. Como en primavera, los árboles se vuelven verdes, las flores colorean los campos y las semillas han crecido; así es el reino de Dios, la eterna primavera de la creación. La nueva vida comienza, todas las criaturas viven. Es interesante que las parábolas sean tomadas de primavera y verano, pero no de otoño ni invierno. Del ciclo natural del «nacer y morir», solo se toma el «nacer» para las parábolas del reino de Dios. ¿Por qué? Porque el reino de Dios no es más que la nueva creación de todas las cosas para vida eterna.

En Lucas 15, tenemos otro grupo de parábolas de lo «perdido» y lo «encontrado»: la oveja perdida, la moneda perdida, y el hijo perdido. Hay más gozo en el cielo por «un pecador arrepentido» (Lucas 5:17) que por 99 justos, así como el pastor se alegra cuando encuentra una oveja perdida mientras que deja solas a las 99. Luego sigue una parábola de la mujer que buscó y encontró su moneda perdida. De nuevo dice: «hay gozo en la presencia de los ángeles de Dios por un pecador que se arrepiente». Luego sigue la parábola del hijo perdido. Aquí la alegría del padre es tan grande porque su hijo estaba muerto y volvió a la vida; estaba perdido y fue hallado.

El reino de Dios es experimentado donde suceden situaciones como las anteriores.

Donde florecemos y nos volvemos coloridos como las flores y los árboles en primavera, y volvemos a vivir una vez más porque nos sentimos amados entrañablemente. Donde experimentamos el regocijo de Dios y su gozo por nosotros y nuestras almas.

El reino de Dios no es un extraño y lejano gobierno, sino más bien la fuente de la vida en medio de nosotros.

Por eso, el reino de Dios se compara con un tesoro escondido y una perla preciosa (Mateo 13:44-45) por la cual uno abandona y deja todo lo demás. La parábola del banquete de bodas en Mateo 22:1-10, lo deja completamente claro: el reino de Dios no se compara con un cuartel militar en el cuál uno aprende la obediencia, sino más bien una boda en la cual uno encuentra el gozo de Dios, y donde uno ríe y canta alegremente.

También vemos el reino de Dios en las sanidades efectuadas por Jesús. Las sanidades están en un lugar muy especial pues pertenecen a la llegada del reino de Dios. El reino del Dios viviente expulsa las bacterias de la muerte y expande las semillas de la vida. No solo trae salvación en el sentido religioso sino también salud en la experiencia física. En la sanidad de los enfermos, el reino se vuelve más real y claro.

Así como todas las enfermedades graves y terminales son como premoniciones de la muerte, debemos entender las sanidades milagrosas de Jesús como premoniciones de la resurrección.

Lo que Jesús hizo con los enfermos, solo será completado con la resurrección para vida eterna. Los seres humanos batallamos con la muerte en cada enfermedad grave. Experimentamos una probada de la resurrección en cada sanidad y sentimos como si estuviéramos naciendo de nuevo, como si volviéramos a la vida. En ese mundo renovado, el reino de Dios será completado; reino cuyas semillas Jesús ha plantado en nuestros oídos por medio de sus palabras y en nuestros cuerpos por medio de la sanidad. En relación a la enfermedad, el reino de Dios significa sanidad; con respecto a la muerte, significa resurrección.

En el compilado llamado Hechos de los Apóstoles, encontramos escrita la historia de los apóstoles, en la cual se describe lo que hicieron ellos y las consecuencias de sus obras. Allí leemos sobre poderes milagrosos, hechos y acontecimientos que hubo en la vida de Jesús y los apóstoles. Y también vemos que lo decisivo fue la proclamación del reino de Dios, y hubo muchos milagros y señales precisamente porque el reino de Dios se había acercado.

El reino de Dios significa un sistema de gobierno divino. Cristo es el Señor y, desafía y vence a cualquier otra demanda de gobierno (Salmo 103:19). El reino se manifiesta donde el gobierno de Cristo es aceptado. Es revelado en el remanente por medio del cual Dios ha obrado y sigue obrando. Elías durante el reino de Jezabel (1 Reyes 19:18), David bajo Saúl (1 Samuel 22:1-2), Daniel y sus amigos en Babilonia (Daniel 3:12), Jesús y sus discípulos (Lucas 6:12ss), y pequeños, débiles, pero fieles embajadores de Dios en la Iglesia.

Algo importante para aclarar es que el reino de Dios no es comparado con la Iglesia. Es decir, la Iglesia no es el reino de Dios. Así tampoco, el desarrollo de la Iglesia se puede comparar con la expansión del reino. Esto porque la Iglesia no es quien posee el reino. El reino de Dios no está contenido por la Iglesia, sino que la empuja más allá de sus fronteras. Es el reino de Dios lo que la Iglesia espera, de lo que da testimonio y lo que proclama. La misión de la Iglesia no es la globalización de ella misma.

La misión del reino de Dios es el regreso de los hombres del exilio y llenar la Tierra con la gloria de Dios (Isaías 6:3). El reino no es simplemente la propia actividad de Dios sino su actividad siendo obrada a través de su pueblo.

También creo que se debe aclarar que el reino de Dios no es un código moral (Romanos 14:14-23). Pero sí es cierto que el reino está comprendido por muchos valores que siguen la vida de Jesús, reflejan sus propósitos, y derriba a todos los otros valores opuestos. En el capítulo IV vimos un poco sobre la obra de Jesús desarmando las potestades y los poderes, pues eso significa que el reino de Dios confronta también a poderes espirituales, políticos, económicos y religiosos.

A pesar de que la modernidad nos dice que mantengamos la religión escondida y en privado, y que no interfiera en asuntos públicos, la Escritura nos dice que Cristo es el Señor y pondrá todo bajo su gobierno. Cuando la Iglesia primitiva proclamó a Jesús como el Señor, estaba literalmente diciendo el César no es el Señor, Jesús lo es, lo que era un desafío contra el culto imperial, y lo que llevaba a la persecución y el martirio (Hechos 17:7). Es por esto que Pablo dijo «nadie puede decir: "Jesús es el Señor" sino por el Espíritu Santo» (1 Corintios 12:3). Solo por el Espíritu es que la Iglesia puede desafiar valientemente a los poderes políticos y llamarlos a que rindan cuentas ante la cruz de Cristo.

El pueblo de Dios mantiene su fidelidad al gobierno de Cristo, la cual es su única autoridad.

Porque, ¿cómo puede un cristiano ser un ciudadano del reino de Dios, y al mismo tiempo ser un ciudadano fiel a los reinos terrenales, al estado? ¿No sería esto una lealtad dividida, un sometimiento a dos realidades distintas?[1]

---

1   Consultar y meditar en lo que se nos enseña en Mateo 6:24.

Es difícil hablar sobre la relación entre el cristianismo y temas sociopolíticos. Este libro no es necesariamente sobre política y tampoco pretendo hablar de ello, pero me tomaré solo algunas líneas para decir algunas cosas en este contexto del reino de Dios.

Creo que a través de la historia se ha intentado crear un puente entre el cristianismo y su proclamación del reino de Dios, y la realidad política del mundo. Lo podemos ver en la búsqueda de armonía entre el Imperio Romano y los teólogos, patriarcas y emperadores de la época. Lo que realmente terminó en la integración de la Iglesia en el dominio político imperial. En Roma sucedió algo parecido, donde vemos a los papas asumiendo las prerrogativas imperiales, y convirtiéndose así en líderes políticos.

En mi opinión, hablar de la «santificación» de la esfera política es lo mismo que hablar de la «secularización» de la esfera eclesial. Y a lo largo de la historia lo vemos claramente al intentar una y otra vez reconciliar el cristianismo con la realidad política.

En muchos sistemas democráticos con pluralidad política, vemos la tentación de glorificar a «nuestras» naciones, y su ejercicio del poder parece ser tan grande, que la mayoría de las instituciones religiosas les resulta irresistible.

Muchos ciudadanos leales y temerosos de Dios le piden que «bendiga a nuestro país», y a menudo oímos que «Venezuela es una nación elegida», pues Dios tiene alguna misión política especial con nuestro país en este mundo[2]. Por supuesto, esto no es más que una ideología política útil para justificar cualquier tipo de violencia.

---

[2] En este caso hago mención de Venezuela por ser mi contexto. No obstante, lo mismo vemos repetidas veces en muchos otros países, en especial en los EEUU e Israel.

Pero, ¿es nuestro objetivo buscar algún vínculo o armonía entre la esfera política y la misión de la Iglesia? Más aún, ¿deberían los cristianos orar por sus países y por el triunfo de las campañas militares que su país dirige? ¿No es responsabilidad de los cristianos el contribuir por la resistencia y el bienestar de su país? O, ¿deberían los cristianos ofrecer un programa político, para oponerse con él a las políticas e ideologías seculares? ¿Deberían los cristianos, limitarse solamente a la promoción de ciertos principios éticos?

Yo creo que esto es algo muy simple. Para mí, tomar algunas de las opciones mencionadas arriba como el propósito primario del cristianismo, sería perder y omitir los aspectos más importantes de la religión cristiana. Porque el cristianismo auténtico no es un sistema ético, no es una ideología particular ni tampoco un programa político.

Nuevamente, el cristianismo está para proclamar primeramente el reino de Dios como una nueva realidad, mientras que al mismo tiempo esta realidad futura se hace presente aquí y ahora. El objetivo de esta proclamación es de transformar la realidad histórica en una nueva realidad que será completada y manifestada perfectamente al final de esta era. Y como ya se ha comentado, esta nueva realidad es una vida basada en la libertad y el amor, en la justicia y la paz. El identificarnos con la libertad y el amor significa existir a la manera que Dios quiere que vivamos.

Por esta razón, si vemos la esfera política—con su ejercicio de poder y su deseo intenso por aferrarse a él—desde un punto de vista divino y desde el reino de Dios, veremos algo completamente ilegítimo. Es evidente que la nueva realidad que Cristo ha traído está en contradicción directa con la realidad de este mundo. La realidad de este mundo tiene la necesidad de tener el poder—manteniéndolo bajo instituciones—y ejercerlo hacia los seres humanos y hacia la creación. La base de la realidad de este mundo no es el amor y la libertad, sino la subordinación y el dominio.

Personalmente, cuando observo la esfera política tiendo a ser completamente escéptico. Toda estructura de poder y dominio es ilegítima ante la perspectiva cristiana, precisamente porque van en contra de la dignidad de los seres humanos, y están en contradicción con la verdadera realidad del reino de Dios. Y es esta oposición a cualquier sistema de poder y opresión que quiera venir a imponerse ante los individuos y las comunidades, lo que para mí hace una cierta clase de anarquismo, la mejor posición para los cristianos con respecto a la realidad política.

¿Hay algún modelo específico para el ideal de la visión cristiana? Pues, la única «sociedad ideal» desde una perspectiva cristiana es la del reino de Dios.

Por otro lado, el reino de Dios también trata con los poderes económicos. En Apocalipsis, Juan describe la economía de Babilonia (Apocalipsis 18:9-13). En la cima del sistema de valores babilónico está el oro; y en la parte de abajo la humanidad. En la economía del reino de Dios, la humanidad estará en la cima junto con Cristo, mientras que el oro estará en lo más bajo. En la nueva creación, las calles estarán pavimentadas con oro. Eso es lo mismo que decir que el oro es igual a basura, y toma su lugar correcto: a los pies del pueblo de Dios (Apocalipsis 21:21). Aunque es peligroso y riesgoso, la Iglesia debe llamar a los poderes económicos del mundo a que se sometan al señorío de Cristo.

El reino de Dios también debe llamar a rendición a los poderes religiosos. La religión muchas veces desafía el reinado de Dios al clamar acceso exclusivo a Dios, al sostener que tienen las llaves del conocimiento sobre Dios, y al controlar el perdón. El poder religioso es mal usado para subyugar a las personas bajo su propio control. Jesús condenó a los fariseos y sacerdotes por atar «cargas pesadas y las ponen sobre la espalda de los demás, pero ellos mismos no están dispuestos a mover ni un dedo para levantarlas» (Mateo 23:4). La Iglesia debe denunciar cualquier justificación religiosa por usar el poder y al mismo tiempo resistir la tentación de emplear el poder religioso.

Finalmente, debemos entender que el reino de Dios está irrumpiendo. En medio del pecado, la muerte, el exilio y la lejanía de las personas de Dios, vemos signos de la derrota de los enemigos de la humanidad, así como también vemos la presencia gloriosa de Dios, y la justa comunión.

Creo que en el sermón de Jesús en la montaña y en el Padre Nuestro, podemos ver de forma clara de qué trata el reino de Dios. Incluso podemos mencionar el mandato de tratar al prójimo como queremos nosotros ser tratados, una verdad muy olvidada de la que hablaremos más adelante. Pero de momento, debemos saber que somos mensajeros del reino de Dios.

Prepararse para el reino de Dios significa reconocer los signos de la época y desde ahora mismo vivir tal como viviremos en el reino por venir.

La salvación de Jesucristo debe ser nuestra propia vida, de esa manera nuestra actitud frente a todas las personas y todas las cosas será intachable. Tendremos un solo deseo: que los demás tengan todo lo que deseamos para nosotros mismos.

Tratemos a los demás de la misma manera como deseamos ser tratados por ellos. Eso es lo que el Señor quiere. Es el mandato primario de nuestro Presidente. Amemos al prójimo como a nosotros mismos. He aquí la verdad y la realidad del reino de Dios, la realidad de Jesucristo.

La experiencia de la salvación individual no debe ser separada de la esperanza que tenemos para el mundo entero. Si fuera así –que la separáramos– entonces no estaríamos en completa armonía con Dios. Pero si queremos estar en armonía completa con el único Presidente que debe mandarnos y al que debemos obedecer, no solo debemos preocuparnos por nosotros, sino –y más aún– debemos hacernos cargo de las necesidades y preocupaciones que tiene Él, quien nos ama y cuida.

Los bienaventurados son aquellos que aparecen delante de Dios como mendigos, deseando de su Espíritu. Son aquellos que son pobres en bienes y en gracia. Posiblemente sean los indigentes, huérfanos sin hogar, y los pobres, quienes conocen la agonía de estar solos sin protección y de tener hambre y sed. Pero son ellos mismos, los bienaventurados que están atormentados, hambrientos y sedientos por la justicia, sufriendo penas, así como las sufrió de forma bienaventurada nuestro Señor Jesús. Así como Jesús compartió en lo más íntimo el dolor del mundo y la total amargura del abandono de Dios, así sólo son bienaventurados aquellos cuyo sufrimiento los lleva al borde de la muerte por causa del mundo y sus miserias.

El reino de Dios está presente hoy como promesa y como esperanza para el futuro de todas las cosas. Si Jesús fuera candidato presidencial, el reino de Dios sería la promesa de su candidatura, y Él la ha venido cumpliendo ya. Por esto, Jesús es el presidente que todos quisieran tener: uno que cumple sus promesas.

Si el reino de Dios está presente como promesa y esperanza, esto quiere decir que este presente suyo es definido por la contradicción de lo futuro y lo prometido, contra la realidad mala del hoy.

La promesa del reino de Dios, en el cual todas las cosas consiguen el derecho, la vida y la paz, la libertad y la verdad, no es exclusiva sino inclusiva. Y así también su amor, su solidaridad y su compasión son inclusivos; no excluyen nada, sino que incluyen—en la esperanza—todo aquello en lo cual Dios será todo en todos.

Esa es la promesa de nuestro Presidente.

La misión del reino de Dios es el fundamento de la misión del amor. Un amor dirigido no solo a individuos, sino a comunidades también.

*　　*　　*

Hemos tratado sobre el gobernar de Dios, y sobre todo lo que representa este maravilloso reino de nuestro Dios. Donde Él es Rey y Señor, y como yo humildemente lo nombré "Presidente".

Ahora, el que Dios sea el Rey, el Señor, el Presidente, de nuestras vidas y de todo, es una verdad única que nos da un entendimiento espiritual correcto de nuestra existencia, por consiguiente, nos debe llevar a una transformación de vida. Una renovación en nuestra manera de vivir. Nos debe llevar a ser *más humanos*; es decir, a vivir una correcta relación con Dios y con las demás personas.

Capítulo 7

NO ESTAMOS SOLOS EN EL UNIVERSO

*No hay duda que la Iglesia debería ser el lugar
donde se habla para que el mundo la oiga.*

— Karl Barth

U N DÍA FUI A CASA DE UN AMIGO. Tenía muchos meses sin visitarle. Después de varios intentos fallidos, y de organizar mi tiempo logré ir. Sinceramente las cosas habían cambiado mucho en aquella casa. La verdad no era porque habían remodelado o porque habían pintado las paredes ni nada por el estilo. Cuando digo que las cosas habían cambiado, con «cosas» me refiero específicamente al pensamiento de uno de los hermanos de mi amigo.

Historias sobre la civilización sumeria, y sobre sus dioses mitológicos *An, Nammu, Inanna*. Narraciones sobre cómo civilizaciones de otras galaxias hicieron evolucionar especies del planeta Tierra, entre otras cosas. Pasamos esa noche unas cuantas horas conversando muy amenamente sobre estos y otros temas.

Según la mitología mesopotámica, los *anunnaki* eran, inicialmente, los dioses más poderosos y vivían con *Anu* en el cielo. El autor Zecharia Sitchin popularizó varias teorías sobre los *anunnaki* en su serie de libros *Crónicas de la Tierra*. En tales libros, Sitchin supuestamente expone las traducciones de las tablas sumerias, así como otras teorías sobre las pirámides, sobre ingeniería genética, el Machu Pichu, y pare de contar.

El tema de alienígenas siempre nos lleva a la pregunta del millón de dólares: ¿estamos solos en el universo? La verdad no tengo intenciones de hablar sobre otras galaxias, sobre extraterrestres, sobre civilizaciones alienígenas, ni nada por el estilo. En otro libro puede que me dedique a ello. No, en realidad lo dudo mucho.

La cuestión es que, en realidad no estamos solos en el universo. Obviamente, la pregunta se refiere a «solos» como especie humana, pero yo me refiero a «solos» como individuos. Por esto digo no, no estamos solos.

Somos individuos, pero también existimos en comunidad.

Cada individuo es único.

El ADN (*ácido desoxirribonucleico*) contiene las instrucciones genéticas usadas en el desarrollo y funcionamiento de cada uno de los organismos vivos conocidos. Todos nosotros tenemos un ADN, y éste es único –en la mayoría de los casos– en cada persona. Y aunque sea muy mínima la diferencia en las cargas genéticas, la verdad es que sí hay diferencia. Así mismo, todos tenemos huellas dactilares únicas. Aunque tengamos gustos parecidos, personalidades similares, actitudes repetidas o aprendidas de otros, así como muchas cosas más, es innegable el carácter único que tenemos.

Dios ha creado de una forma creativa a cada ser humano. Y eso sin tomar en cuenta las características particularmente resaltantes de los animales y otras especies. Creo que hay un gran valor en cada personalidad individual. Cada persona —sea niño o adulto– es única, y a todos educamos como a individuos únicos. Entonces, no podemos negar la importancia de la existencia individual.

Cada individuo es un pensamiento particular de nuestro Dios. Toda existencia individual es una acción del amor de Dios. Ante Dios, cada persona tiene un nombre, y existe cada persona porque Dios la llamó por su nombre. Dios nos ha llamado «hijos». El amor paternal del Creador hacia el individuo es un amor inefable. Dios nos ha dado esa plenitud de ser individuos para cuidarla y ponerla a dar frutos.

Somos hijos e individuos del reino de Dios.

Podemos leer en libro de Jeremías 1:5 a Dios diciendo lo siguiente: «Antes de formarte en el vientre, ya te había elegido; antes de que nacieras, ya te había apartado». En Salmo 139:13-14 leemos, «Tú creaste mis entrañas; me formaste en el vientre de mi madre. ¡Te alabo porque soy una creación admirable! ¡Tus obras son maravillosas, y esto lo sé muy bien!». Dios nos ha creado como seres únicos y distintos.

Dios nos creó con un diseño único para cumplir su propósito.

Durante la historia, se han presentado debates tras debates sobre la relación y la interacción del individuo y la comunidad. La creencia de que una persona tiene una prioridad moral sobre la sociedad, la cual denominamos individualismo, cobró fuerza en la Edad Moderna. Aunque a ésta visión se le oponían pensadores como: Descartes, Spinoza, Kant, Hegel y Marx. Ahora, no desviaré el tema al análisis de éstos pensadores.

Personalmente, me inclino a una visión más individualista bien entendida, opuesta a los pensadores antes mencionados.

Un individualismo entendido de una forma kierkegaardiana. El filósofo danés Søren Kierkegaard defendía la libertad y la responsabilidad individual. Esta visión plantea el individualismo como algo contrario al egoísmo.

Creo que se debe favorecer la libertad individual de cada persona, en oposición de los supuestos intereses de la sociedad, que en realidad son los intereses de los que viven del trabajo de los demás, mientras que les causan miedo, los engañan, los manipulan, robándoles su individualidad, su dignidad, haciéndolos simples números y censurando su pensamiento crítico. Pero hay algo que no podemos olvidar, y hacerlo sería nuestra propia desgracia. No podemos encerrarnos en el egoísmo y olvidar la responsabilidad hacia Dios, y hacia el prójimo. Pues la verdadera libertad consiste en amar.

Por eso, cuando hablamos de individualidad en su sentido más estricto, eso nos lleva a la comunidad y a la Iglesia. Así como somos seres individualmente diferentes a los demás, la verdad es que también somos parte de un cuerpo humano universal.

Leemos en Romanos 12:4-5: «Pues así como cada uno de nosotros tiene un solo cuerpo con muchos miembros, y no todos estos miembros desempeñan la misma función, también nosotros, siendo muchos, formamos un solo cuerpo en Cristo, y cada miembro está unido a todos los demás».

Entendiéndolo en su contexto, podemos ver que aunque somos diferentes los unos de los otros, como cristianos pertenecemos al mismo cuerpo de nuestro Señor Jesucristo. No obstante, yo me atrevo a extender el mensaje del apóstol, primariamente a la iglesia cristiana, pero también al prójimo en general. Es decir, somos miembros también de un cuerpo llamado «humanidad». Es por esto que, somos responsables de nuestras acciones ante los demás. Por tanto, debemos respetar la vida, la libertad, y la propiedad de nuestros semejantes –sean creyentes o no.

El individuo y la comunidad no van despegados, ni puestos como dos verdades antagónicas. Más bien, los individuos son de suma importancia para la misma sociedad, porque son individuos y miembros de un gran cuerpo: la humanidad; el cual incluye familias, sociedades, países, entre otras cosas.

No puede haber un trato «estándar»: el padre no puede tratar a sus hijos por igual. El maestro no puede tratar a los estudiantes por igual y generalizar su comportamiento. Cada individuo es importante, y debe ser amado, ayudado y respetado.

Por esto, la presión no puede ser una actitud normal. No podemos presionar a otros a hacer lo que queremos que hagan. Debemos esperar pacientemente al Señor, y que su obra se cumpla en cada individuo. Aún en cuestiones de fe, no debe haber presión. Dios es quien hace la obra en cada uno. Tampoco puede haber presión moral. El mismo Señor Jesús se oponía a la leyes humanas morales impuestas por los fariseos. El peor falso profeta es el que quiere imponer su propia voluntad sobre los demás.

La individualidad no puede ir despegada de la comunidad. No son excluyentes.

Dios ha creado también una comunidad especial para que construya para el reino: la Iglesia.

Como ya vimos, la resurrección (así como la crucifixión) es un evento vital para el cristianismo. Sin la resurrección no solo son vanas la predicación y la fe (1 Corintios 15:14-20), sino que la misma Iglesia no tendría sentido. Es esencial para el cristianismo la creencia de que el Jesús que fue crucificado vive y está en la gloria con Dios el Padre, y así glorificado se mostró a sus discípulos. Lo importante no es dónde, cuándo ni cómo, sino el hecho en sí mismo.

Éste es el origen de la Iglesia.

No fue un origen basado en imaginaciones, ni en la credulidad sin bases, sino en experiencias reales del Jesús vivo junto con sus discípulos. Y la confesión de fe de estos discípulos hace realidad ahora una nueva comunidad. Dicha comunidad como congregación de hombres, es la congregación de Dios. La Iglesia es signo de la realidad del reino de Dios, y como signo de esta realidad debe necesariamente trabajar como plena embajadora de ese reino.

La comunidad de creyentes y seguidores de Jesucristo no es una especie de realidad aparte, eterna, ideal y santa, que flota entre Dios y los hombres. Esto no es así. La Iglesia es real, es de Dios y está compuesta de hombres, en el mundo y para el mundo. El mundo –para esta comunidad eclesial– se halla en caducidad y vanidad, al mismo tiempo que es un mundo que proviene de la bondad que hemos recibido del Creador; sin olvidar el propósito escatológico de Dios para este mundo, como lo vimos en los primeros capítulos.

Entonces, la Iglesia debe vivir y trabajar con esa verdad en mente. Dios le ha dado libertad a la Iglesia para trabajar en el mundo. La Iglesia no puede resolver los grandes problemas del mundo, pero debe estar allí en la lucha, anunciando el amor y el propósito de Dios para la creación. La Iglesia debe ponerse a disposición del mundo.

Recordemos que el único y esencial mandato ha sido confiado a la Iglesia en relación con el mundo: el mandato de ser testigo fiel de Dios y de su reino.

Dios nos llama a ser únicos para Él. Estar «apartados» como individuos para Él. Dios quiere que crezcamos y le imitemos como personas. Pero, Dios quiere que amemos. No hay amor, si no hay comunidad. No puede haber amor, si no hay otro con quien practicar ese amor. Recordemos que la razón por la cual vivimos en comunidad no es que cada miembro alcance individualmente el más alto grado de perfección, sino que amemos. Y los cristianos, como la Iglesia, como una comunidad, pueden reflejar bajo los males del mundo de hoy, la verdad de que una comunidad puede vivir en amor.

Esto no omite nuestras fallas. El hecho de que la Iglesia exista, no elimina la maldad e infidelidad que puede haber en sus miembros. Pero debemos tener en cuenta que la fe en esa comunidad no está basada en nuestra propia lealtad, sino en la lealtad y fidelidad del Dios que la ha creado.

Por otro lado, recordemos que las naciones serán recogidas dentro de la iglesia, y todos los muros y barreras que separan las razas, naciones, posiciones e individuos serán derribados (Colosenses 3:11). Aquí no estamos hablando de que llegará un día en que el mundo será conquistado para Dios, sino de que la Iglesia es la revelación de la unidad que ya podemos experimentar en el presente.

La Iglesia es guiada por el Espíritu Santo, y es enviada por nuestro Señor Jesús como su embajada en la Tierra. Nuestra ley y constitución es el reino de Dios mismo y la Escritura. Es por esto, que la Iglesia no debe someterse a las leyes de los gobiernos con completa fidelidad, sino respetar esas leyes pero no con una obediencia ciega.

La Iglesia ha sido colocada por Dios para reflejar su amor y sus propósitos. Para que tanto en comunidad como cada individuo, pueda levantar la cruz de la restauración.

El amor no tiene fronteras, y esto lo ha mostrado nuestro Señor Jesús. El amor tiene y tendrá siempre fe (1 Corintios 13:7-8). Nada puede oponérsele al amor. La Iglesia primitiva daba de sus bienes. Esto es, porque el amor de Cristo nos lleva a abandonar lo que poseemos, y dar sin esperar a cambio. Ayudar y entregar todo a los necesitados, así nos quedemos sin nada. Esto destruye cualquier tipo de egoísmo de nuestros corazones. Ese debe ser el comportamiento de la Iglesia.

La llamada «Iglesia invisible» debe hacerse visible.

Es triste ver comunidades cristianas modernas que en vez de dar, lo que hacen es quitar. En vez de apoyar al que no tiene, le quitan para sus propios deseos egoístas. El comúnmente llamado «evangelio de la prosperidad» dentro del protestantismo es un ejemplo de ello. Lo que hace es destruir y manchar la misión y el motivo divino de la existencia de la Iglesia. Cada día son más y más las iglesias evangélicas para «ricos», los pastores que se llenan de dinero, y hacen del Evangelio un negocio. Mientras los feligreses y asistentes mueren de hambre o no tienen para pagar las medicinas que necesitan. Esto es un cristianismo de palabras, y de promesas falsas de parte de esos mercaderes de la fe, tal cual los fariseos de los tiempos de nuestro Señor Jesús.

En mi opinión, debemos creer en un cristianismo que produzca hechos. Un cristianismo que se preocupa por trabajar, por ayudar, por sostener, por amar –pues el amor es la base. El trabajo es una gran prueba que nos muestra si nuestra fe es sincera. Fe que tiene práctica.

Es por esto que la oración no puede nunca reemplazar el trabajo de la Iglesia. Oramos que la voluntad de Dios se cumpla en la Tierra, venga la unidad, la justicia y el amor. Pero, si somos realmente sinceros en nuestras oraciones, entonces habrá trabajo duro en nosotros. No podemos olvidar que la fe sin obras es muerta (Santiago 2:17). Orar sin trabajar es una completa hipocresía.

Por lo general, en nuestra cultura moderna tendemos a pensar que el trabajo es una cosa inferior, y a nadie le gusta trabajar. Pero, si vamos desde el Génesis, nos damos cuenta que no somos seres creados para lo espiritual únicamente. El trabajo físico lo vemos desde los inicios. Debe haber placer en las actividades; esto trae alegría a la vida, y a Dios. La Iglesia está llamada a trabajar y a luchar como comunidad. Y los cristianos como comunidad, de igual manera como individuos.

¡Vamos a luchar y pensar en el otro antes que en nosotros!

Podemos enfrentar a este mundo hostil y peligroso, si cada uno de nosotros como individuos, estamos despiertos e interesados en luchar. Pero, al mismo tiempo, nuestra vida necesita un fundamento firme del Espíritu. Cristo como nuestro fundamento, y su mandato de amor a Dios y al prójimo, hace que nuestros intereses personales e individuales tomen un segundo plano.

Cuando somos egoístamente individualistas es por falta de amor, pues el amor trae verdadera libertad. El mayor combustible de nuestra libertad es conocernos y conocer a los demás, amarnos y amar a los demás.

La libertad surge del amor. La raíz de la libertad es el amor.

La persona que asocia la palabra «libertad» con la imagen de un ser solitario que va caminando por un desierto o está escondido en una cueva libre de todo vínculo, se sorprende ante la combinación de la libertad y el amor.

Pero, un ser solitario, ¿es en verdad libre?

Es cierto que nadie le ordena nada; no necesita respetar a nadie. Va y viene cuando y donde quiere. Pero hay una cosa que el solitario no puede alcanzar: nunca estará libre de sí mismo. No puede desprenderse de su piel, siente sus piernas, su corazón herido. Siente todo, menos libertad.

Sólo es verdaderamente libre cuando se ama, cuando se ama hasta el punto de olvidarse de uno mismo.

Las personas que aman tienen necesidades corporales. También las personas que aman vuelven siempre a pensar en sí mismas. Pero todos nosotros conocemos el efecto de que, por amor, puede olvidarse uno del hambre, la sed, el sueño e incluso de sí mismo, y de esta manera, pensar en el hambre, la sed y las necesidades del otro.

Creo que la mayor libertad que los humanos somos capaces de vivir es cuando nos olvidamos de nosotros mismos.

El modelo que tenemos de esta libertad nacida del amor, es Jesucristo. Él nos ha mostrado que, uno no se pierde cuando entrega amorosamente su vida a Dios y a los seres humanos. Quien quiere conservar su vida, y por tanto sólo puede mirar a sí mismo y sus necesidades, la perderá, dice Jesús en el Evangelio de Lucas.

Quien en cambio es capaz de olvidarse de sí mismo tan sólo un instante si es posible, y amar como Jesucristo nos ha mostrado, gana su vida. Son estos los momentos más preciados de nuestra vida, y quien una vez los ha conocido sabe lo que significa ser verdaderamente libre. Y Dios ama la libertad.

Dios es libre.

Dios siendo un ser libre, nos hizo a su semejanza como seres igualmente libres. Somos seres que podemos efectuar una u otra acción, así mismo nos podemos abstener de ellas. Dios nos ha hecho libres. Nos ha creado para vivir en libertad. Somos libres para amarle o para rechazarle. Somos libres para obedecerle o desobedecerle.

Dios no es un dictador que nos obliga a accionar de una u otra manera. Dios no nos obliga aún a hacer las cosas buenas. Dios nos pide que le amemos, pero no nos obliga. Dios nos pide que amemos al prójimo pero ni eso nos obliga a hacer. Dios no es un ser inmoral, así que obligarnos e irrumpir la libertad que nos ha dado sería algo completamente inmoral.

Aprendí de los escritos del Metropolita Philaret Voznesensky que los sistemas de moralidad que no se encuentran basados en la enseñanza cristiana del amor, son insolventes. También que la moralidad cristiana está completamente establecida sobre la ley del amor; ésta ley es la base y cumbre de ella. El corazón de una persona que ama está abierto para aquél que es amado, y está dispuesto a recibirlo en el suyo y dispuesto a darse al otro. El amor es un sentimiento especial que nos atrae hacia Dios quien es amor. En la esfera de los sentimientos terrenos, no hay nada más elevado que un amor que está dispuesto al sacrificio propio. Y la historia total de la relación de Dios con el hombre es una historia continua del autosacrificio de parte del amor Divino. El Hijo de Dios bajó del cielo, tomó carne, sufrió y murió para El.

Esta es una fuerza victoriosa, el poder del amor humilde, que destruye el egoísmo y el mal que anidan en el corazón humano. Este verdadero amor siempre busca la verdad y lo real y no la falsedad y la cortesía.

Es por esto que cualquier sistema que obligue o coaccione de una u otra forma al hombre a hacer algo, independientemente de si es bueno o malo, es inmoral. Es la violación de la libertad que cada individuo tiene. Un ejemplo de ello es el sistema socialista, el cual alarde de sus ideales de amor, tolerancia, igualdad, solidaridad, caridad, ayuda social, y otras cosas. Sin embargo, estos ideales son encontrados en la Escritura y fueron practicados desde el mismo Jesucristo; y no solo eso, Jesús nos insta a que sigamos su ejemplo, Él no ha creado un sistema para obligar a que sigamos su ejemplo. Y precisamente, en las ideas marxistas de socialismo y comunismo, encontramos coacción y ruptura de la libertad de cada individuo y a la propiedad individual. Y repitiendo lo que aprendí de mi amigo Andres Doreste: los cristianos propugnamos la igualdad, la solidaridad, el amor, la justicia, la ayuda al prójimo y toda bondad mostrada hacia los seres humanos. Creemos que practicar tales cosas resulta en la gloria de Dios (Mateo 5:16). Pero jamás usaremos el Estado para imponer éstos principios. No usaremos la policía o la milicia para despojar a alguien de su propiedad y entonces dárselo a otro con la excusa que estamos haciendo un bien.

León Tolstói pensaba lo siguiente sobre Marx y sus ideas: «Lo que siempre me ha sorprendido en los escritos de Marx es que no se halla en ellos ninguna idea de amor; todo es odio, ambición y voluntad de poder [...] todas estas bajas pasiones se enmascaran bajo el pretexto de un amor al pueblo abstracto e imposible», (Diario, 13 febrero 1907). El socialismo ha pretendido aplicar algunos ideales originalmente procedentes del cristianismo y las enseñanzas de Jesús, pero el socialismo permanece infiel por su grave falta de moral.

Siguiendo con la línea de pensamiento del Metropolita Voznesensky, el comunismo socialista es un enemigo jurado y severo del cristianismo. Por su parte, el cristianismo es absolutamente extraño y hostil al socialismo, a su mismo espíritu, al total contenido de su ideología.

La comunidad cristiana no es una finalidad independiente en sí misma, hacia la cual se esfuerza el cristianismo. Más bien es el resultado y nacimiento de un espíritu de amor lo que respiraba la Iglesia primitiva. Además de esto, la vida en comunidad cristiana –donde todos los fieles tenían todo en común– era totalmente voluntaria. En ella nadie decía: «Tienes que dar lo que tienes porque nos pertenece». Contrariamente, los cristianos mismos se sacrificaban de tal modo que nadie decía que algo de su propiedad era suyo.

En lo que concierne al comunismo socialista, el reparto de la propiedad es una finalidad en sí misma que necesita ser conseguida a cualquier precio, sin más consideraciones. Éste alcanza su finalidad de una manera puramente coercitiva, no deteniéndose en los medios empleados, ni siquiera el golpear a los que no están de acuerdo. La base de este comunismo no es la libertad como en las comunidades cristianas, sino coerción; nada de amor que se autosacrifica, sino la envidia y el odio.

En su ideología de clase, el comunismo socialista pisotea la justicia. El objeto de su trabajo no es la felicidad común de todos los ciudadanos de un estado, sino solamente los intereses de una sola clase. Todo el resto de grupos estatales y sociales de ciudadanos son desechados, fuera del cuidado y protección del gobierno comunista. La clase en el poder no se preocupa por ellos.

Tal sistema promete constantemente una dictadura del proletariado. Sin embargo, se ha hecho manifiesto claramente en la historia que no hay signo alguno de esa prometida dictadura del proletariado, sino en lugar de ella, lo que ha habido es una dictadura burocrática sobre el proletariado.

Todas estas diferencias no agotan la esencia de la contradicción entre el cristianismo y el comunismo socialista. La diferencia fundamental entre ellos subyace más profunda aún, en la ideología religiosa de ambos. No es de extrañar, pues, que los comunistas luchen tan maliciosa y obstinadamente contra la fe cristiana.

Mientras el cristianismo predica el amor para todos; el comunismo socialista predica la lucha de clases y la guerra y está basado en el egoísmo. El cristianismo es una religión de idealismo, fundada en la fe de la victoria de la verdad de Dios y de su amor. El comunismo socialista es una religión de seco pragmatismo racional, que persigue la finalidad de crear un paraíso terreno (paraíso de saciedad animal y de reprobación espiritual).

Entonces, cuando entendemos la importancia que tienen la libertad y el amor para Dios, entonces podremos con sinceridad procurar y trabajar por cumplir el segundo gran mandamiento que nuestro Señor nos ha dado.

En Mateo 22:37-39 leemos: «"Ama al Señor tu Dios con todo tu corazón, con todo tu ser y con toda tu mente" —le respondió Jesús—. Éste es el primero y el más importante de los mandamientos. El segundo se parece a éste: "Ama a tu prójimo como a ti mismo."»

Muchos cristianos usan el término «prójimo» a su conveniencia, limitándolo a los mismos cristianos. Pero, sin necesidad de profundizar mucho, entendemos el término como toda la humanidad.

Dios nos pide que amemos a los demás.

A todos.

Creo que es difícil amar a todas las personas por igual, pero eso no significa que no deberíamos intentarlo. El verdadero amor puede existir cuando amamos a todos, y no solamente a las personas con las que disfrutamos estar.

Todas las cosas buenas son difíciles de llevar a cabo, pero no son imposibles.

Un tiempo atrás publiqué un artículo sobre la teología y el amor. Mi motivación se basó en la triste realidad que he visto dentro del cristianismo. Gran parte de los cristianos de la actualidad han estado interesados en la teología, lo que me parece excelente. Creo que el estudio profundo de la teología y de las Escrituras es de mucho beneficio. No obstante, hay un grave problema cuando la teología se vuelve un objetivo en sí misma, y se convierte en algo más importante que el amor al prójimo.

Es posible que alguna vez hayas oído la expresión sobre tener cuidado de tu forma de actuar, porque puede que sea la única Biblia que las personas lean. Ese es un buen punto, pero la realidad es mucho más profunda. Nosotros representamos al mundo lo que Dios ha hecho en Cristo, por lo que una mejor frase debería ser: ten cuidado de tu forma de actuar, pues es posible que seas el único «Jesús» que las personas vean.

En aquél artículo, yo me colocaba en el lugar de cualquier persona, en especial el lugar de alguna persona rechazada o herida por sectarismos cristianos, y decía:

Cuando estoy enfermo, y me traes alimento, no me importa si eres cristiano o no.

Cuando soy pobre, y me das alimento y dinero, no me importa si eres calvinista o arminiano.

Cuando estoy en el hospital, y me envías una cesta de ayuda, no me importa si eres ortodoxo o protestante.

Cuando visitas a mi abuela en el asilo, no me importa si prefieres solo salmos o música moderna.

Cuando eres tan amable de llevar a mis padres en tu automóvil a algún sitio, no me importa qué traducción de la Biblia lees.

Cuando auxilias en la carretera a mi amigo que se le accidentó su automóvil, no me importa lo que creas sobre la evolución.

Cuando proteges a mis hijos de que sean atropellados por un automóvil cuando cruzan la calle, no me importa cuál es tu teólogo favorito.

Cuando estoy solo y me acompañas. Cuando celebras mi cumpleaños conmigo, no me importa cual es tu perspectiva en cuanto al bautismo.

Cuando lloras conmigo durante la muerte de un familiar, no me importa si das limosnas.

Cuando me amas de una forma profunda y auténtica, nada más importa realmente.

Cuando idolatramos sistemas de creencias y convertimos la teología en una agenda diaria, esto envenena la idea misma de amor desinteresado. El mensaje del Evangelio se convierte en simple propaganda, los amigos se convierten en clientes, y nuestra relación con Dios se convierte en una mera religión que no es verdadera (Santiago 1:27).

La verdad es que podríamos tener la teología más sana de todas, pero si no está llena de amor en la práctica ni refleja respeto, amabilidad, en resumen, si no refleja a Cristo, no es digna. La aplicación práctica de nuestro amor es tan importante como la teología detrás de ella. Nuestra fe es evidenciada por cómo tratamos a otros.

Nunca deberíamos dejar de lado la teología, ni los estudios académicos, ni la búsqueda por un entendimiento de Dios, de la Biblia, de la historia, de las tradiciones de la Iglesia; pero estas cosas deberían inspirarnos a imitar a Cristo, así como amar a los demás de forma sacrificial, incondicional y sin interés alguno. La teología debería reforzar nuestra motivación para hacer de nuestro mundo uno mejor en Cristo, porque no estamos solos en este universo.

Finalmente, creo que deberíamos recordar algunas cosas que necesitamos hacer.

Las similitudes entre nuestro cuerpo físico y nuestro cuerpo espiritual son ilimitadas. Por ejemplo, cuando vivimos vidas inactivas, nuestros músculos se debilitan y nuestro cuerpo corre el riesgo de paralizarse y sufrir enfermedades crónicas. Esto no es distinto de nuestro cuerpo espiritual a medida que nos encontramos sentados en el mismo lugar de siempre sin mover un dedo.

Ser una persona tibia es mortal.

Como parte de la Iglesia y del cuerpo de Cristo, necesitamos dejar la apatía y la comodidad y movernos a lugares de necesidad, marginalidad y dureza.

Es decir, leamos menos libros de autoayuda «cristiana» con un enfoque hacia el interior, y busquemos capacitarnos para tener una mente misionera, ya sea en nuestro hogar, en nuestros barrios o al otro lado del océano.

Necesitamos ofrecer esperanza en lugar de miedo.

En realidad, parece que todo se ha puesto patas arriba, pensando que el miedo va a llevar a la gente a los brazos de Jesús, cuando es la esperanza lo que ha sido más eficaz. Siempre hemos estado destinados a ser la luz, y no ser otra persona que busca apagar la luz. Nuestro trabajo como la Iglesia es ofrecer un lugar de refugio, seguridad y esperanza.

Necesitamos andar con aquellos que están quebrantados.

Pasamos demasiado tiempo justificando, racionalizando y tratando de decidir si una persona merece nuestra ayuda y apoyo. Muchas veces hasta el punto de que simplemente no damos nada del todo. Pero esta es una situación de identidad errónea. Ciertamente no somos Jesús, pero se supone que seamos como Él. Por eso, no podemos hacer un juicio de si un indigente en la calle merece bondad, o el marginado merece una voz de ayuda. ¡Debemos actuar de una vez por todas!

El punto es éste: si el Señor puede morir en una cruz por ellos, entonces nosotros podemos seguramente amarles. Es Dios quien establece el estándar de, si una persona merece nuestra bondad o no, y ellos siempre la merecen.

Finalmente, basado en la Teología Espiritual de Pbro. Dr. José Luis Illanes, voy a desarrollar cuatro características de este amor: su universalidad, su carácter histórico, su horizonte actual y escatológico y, humano.

En el carácter universal, el amor en la vertiente que mira hacia el prójimo implica amar precisamente porque Dios ama y, por tanto, a todo lo que Dios ama, es decir, a la totalidad de los seres a los que Dios ha creado.

El amor cristiano no puede estar limitado por razón alguna, ni de cultura, ni de parentesco, ni de raza, ni de afinidad o simpatía, sino que ha de extenderse a todo ser humano, y ello no de manera genérica, sino real y efectiva. De ahí que tenga, como piedra de toque de su autenticidad, precisamente el amor a quien el ser humano, desde una perspectiva meramente natural o sociológica, no se sentiría impulsado a amar; es decir, al enemigo (Mateo 5:43-48).

En el carácter histórico, decimos que si el amor cristiano implica amar todo lo que Dios ama, sin poner límites a esa amplitud, implica también amar como Dios ama y, por tanto, con verdad y con hondura, con una disposición del espíritu que, partiendo del núcleo interior de la voluntad, se manifiesta en obras concretas e históricamente situadas, como nos recuerda 1 Juan 3:17-18 y Santiago 2:14-17.

Este debe ser el objetivo en referencia a situaciones individuales como colectivas, ya que un hombre o una sociedad que no reaccione ante las tribulaciones o las injusticias, y que no se esfuerce por aliviarlas, no son hombre ni sociedad a la medida del amor del Corazón de Cristo.

El carácter actual y escatológico implica, además, amar desde la perspectiva desde la que Dios ama; es decir, con un amor que atiende no sólo a lo que cada ser humano es hoy y ahora, sino también e inseparablemente, a lo que, por vocación divina, está llamado a ser.

No es por eso un amor que se queda en lo material o en lo inmediato, sino que sabe abrir horizontes amplios, dar a conocer a Dios y situar ante Dios. Ni un amor dulzón o condescendiente, sino un amor que sabe impulsar y, si la ocasión lo reclama, exigir. Ni tampoco un amor que, situado ante la realidad del mal y del pecado, se encoge y se deja dominar por el rechazo que el mal provoca, sino un amor que es capaz de comprender y de perdonar, reconociendo y promoviendo la capacidad de bien que, más allá de su caída, hay siempre en quien ha caído.

El carácter humano se trata, finalmente, de un amor que, precisamente por fundamentarse en el amor de Dios, ha de caracterizarse—aunque, a primera vista, pueda parecer paradójico—por su humanidad.

Radicado en el amor de Dios y en el amor a Dios, el amor cristiano al prójimo está llamado a ser un amor verdadero, auténtico, que se dirige a la persona como tal persona, distinguiendo y amando a cada persona en su concreción y singularidad. Dicho con otras palabras, amar a los demás por Dios es algo radicalmente distinto a ver en los demás una mera ocasión para amar a Dios. Pensar o hablar así sería falsificar el amor cristiano.

Amar a los demás por Dios, es amarles verdaderamente y en concreto, como verdaderamente y en concreto Dios los ama. Por eso el amor cristiano no destruye las relaciones y afectos humanos, ni aniquila la capacidad de ternura y de cariño, sino que asume todas las dimensiones y manifestaciones de lo que implica amar, purificándolas, si fuera el caso, de la escoria que pueda introducir el egoísmo, y por tanto llevándolas a perfección.

Estas cuatro características del amor al prójimo que he mencionado están fundamentadas en el amor a Dios. Nuestra misión es amar a Dios por sobre todas la cosas, y amar al prójimo con el mismo amor con que Dios les ama.

*   *   *

El cristianismo nos sorprende con estas ideas por lo general rechazadas completamente en nuestra sociedad actual. El amor al prójimo, el amor al enemigo, perdonar a los que nos maltratan, incluso orar por ellos y por todos los que nos persiguen, son algunas de las cosas que pueden ser un poco amargas para muchos.

Varios sectores del protestantismo vociferan que el Evangelio es «ofensivo», y se encargan de predicar la ira y el juicio de Dios sobre todos. Primero, creo que el Evangelio es para nada ofensivo.

Más bien, en realidad es una noticia de esperanza: la esperanza de saber que Jesús es el Señor y Rey de la creación. Segundo, pienso que lo que sí puede ser amargo para muchos es saber que el cristianismo es una religión no-violenta y pacífica.

Esto lo veremos en el siguiente capítulo.

Capítulo 8

YO TENGO UN SUEÑO

Se puede amar con amor humano a un ser querido,
pero sólo a un enemigo se le ama con amor divino.

Los que matan o se preparan para matar son criminales,
no importa como los llames: jueces, generales o reyes.

Amor es solo amor cuando es un sacrificio.

— León Tolstói

E L 28 DE AGOSTO DE 1963 fue pronunciado en Washington D.C.—posiblemente—uno de los discursos más importantes de la historia moderna. El nombre de ese discurso es «Yo tengo un sueño», dado por el reverendo Martin Luther King, Jr.

Palabras tan cargadas de pasión como: «…incluso aunque enfrentemos las dificultades de hoy y del mañana, yo todavía tengo un sueño… Yo tengo el sueño de que mis cuatro pequeños vivirán un día en una nación donde no serán juzgados por el color de su piel… Tengo el sueño de que un día… la gloria del Señor será revelada y toda carne le verá». Y al final de su discurso, Luther King, Jr. cerró con las palabras: «…seremos capaces de acelerar ese día cuando todos los hijos de Dios, hombres negros y blancos, judíos y gentiles, protestantes y católicos, seremos capaces de unir nuestras manos y cantar las palabras de aquel canto espiritual negro: ¡Libres al fin! ¡Libres al fin! ¡Gracias al Dios Todopoderoso, somos al fin libres!».

Antes de escribir éste capítulo me dispuse a oír una vez más el discurso de Luther King. Realmente escucharle, es imaginarse a un profeta entregando un mensaje lleno de poder. Un mensaje parecido más a una profecía que a las palabras de un activista. En mi opinión, Martin Luther King, Jr. no solo se inmortalizó con este discurso, sino que el discurso en sí mismo tendrá un lugar importante en la historia humana, y seguirá impactando a muchos por unos cuantos años más.

El «sueño» del que Luther King habla, es el sueño que todos tenemos. Un mundo donde rija la justicia, el amor y la paz.

Martin Luther King, Jr. aparte de haber sido un ministro bautista y tener un doctorado en filosofía, fue un líder vital en el movimiento por los derechos civiles para los afroamericanos. Entre 1955 con el boicot de autobuses de Montgomery hasta aproximadamente 1968, la lucha fue larga pero no violenta de parte de los activistas. Se puede resaltar la acción de Rosa Parks, la desobediencia civil que se efectuó en la época, así como las marchas pacíficas en especial la del 28 de agosto de 1963 en Washington.

Pero la lucha de King no solo fue por los derechos civiles de las personas de color, sino que también levantó su voz contra la guerra de Vietnam (1955-1975). Y es en 1967 cuando Martin da otro discurso poderoso –en esta ocasión– en Nueva York. Este fue un discurso en contra de la guerra de Vietnam y a favor de la justicia, dado un año antes de su asesinato. Sabiduría, justicia y amor, fueron tópicos base en este discurso.

Cuando escucho los dos discursos y los comparo, me doy cuenta que el Martin Luther King, Jr. de I Have a Dream [Yo tengo un sueño] de 1963, no es el mismo del discurso de 1967. Me parece que King fue mucho más allá de su «sueño». King no solo tenía en mente los derechos civiles de los afrodescendientes, él vio más allá de eso: la guerra de Vietnam, la injusticia, el presupuesto que los EEUU gastaban en armamento militar en contraste con el desempleo, la pobreza, y otros problemas sociales.

¿No son cosas parecidas a las que vemos hoy en día? No solo en EEUU, sino en muchos de nuestros países alrededor de todo el mundo.

¿Dónde están esos como King, que no pueden permanecer en silencio, que rompen el silencio?

«Algunos de nosotros que hemos ya roto el silencio de la noche, hemos encontrado que el llamado a hablar es por lo general una vocación de agonía, pero debemos hablar. Debemos hablar con toda la humildad apropiada para nuestra visión limitada, pero debemos hablar»[1].

Aunque en aquél tiempo King lo dijo, tenemos hoy la misma elección: la coexistencia no violenta o la mutua destrucción violenta. Y creo que ahora, su mensaje es más relevante que nunca.

Creo que poco a poco la figura de Luther King como su mensaje se va olvidando. Uno de los más grandes problemas del ser humano es que nos acostumbramos a olvidar. Y es a causa del olvido descuidado, que volvemos a tropezar con la misma piedra una y otra vez. Lo vemos hoy en todo lugar. En estos días de temor constante, de injusticia agobiante y de guerras imparables,

---

1 Extracto del segundo discurso de King de 1967 en contra de la guerra de Vietnam. Traducción propia del inglés.

el ejemplo de no violencia de Luther King se hace mucho más y más relevante.

Hay también otro personaje que cabe mencionar aquí.

Jimmie Lee Jackson fue también un activista que luchaba por los derechos civiles, y al igual que Luther King, trabajaba también en una iglesia bautista en Alabama. El final de la vida de Lee Jackson fue similar al de Luther King. Jimmie fue asesinado a disparos cuando una manifestación fue disuelta por la policía. Oficiales de policía atacaron brutalmente a los manifestantes (hombres y mujeres de color), algunos de los cuales estaban de rodillas rogando a Dios.

De manera increíble, y a la vez de ejemplo para toda la humanidad, hay testimonios de que el servicio del funeral mostraba a hombres y mujeres reflexivos, con voces calmadas y llenas de amor. En el cementerio, Luther King dio un mensaje sobre el perdón y el amor. Pidió oración por la policía, por perdón para el asesino y para los perseguidores. Si debemos buscar una situación para ver odio y deseos de venganza, sería aquí… sin embargo, no se vio.

Yo creo que ese principio de vencer a los enemigos con amor es la única solución a los problemas que enfrentamos hoy en mi país natal Venezuela, en Sudamérica, en Occidente, en el mundo.

Como cristiano me he entristecido mucho por la actitud de muchos cristianos en Venezuela. He recibido incluso críticas a algunos de mis publicaciones en la web, porque según algunos "la vía es la violencia". Según otros "el enemigo es asesino, y hay que ir a las armas y eliminarlos".

Creo que esas no son palabras de un discípulo de Jesús.

No vemos a Jesús levantando armas contra sus "enemigos", más bien lo vemos en la cruz orando por ellos. No vemos a Jesús ordenando a sus discípulos a asesinar, matar y agredir a sus atacantes, sino más bien reprendiéndoles a no usar la violencia.

La situación en Venezuela es deplorable. Se están enfrentando ante una situación corrupta y muy violenta. ¿Es la violencia la salida? ¿Son muy fuertes nuestros enemigos?

En la historia vemos al Imperio Británico, FBI, Ku Klux Klan, Unión Soviética, Apartheid, dictadores y tiranos latinoamericanos. Todos eliminados a través de la no violencia principalmente.

A lo largo de los años del ministerio del Señor Jesucristo, vemos un ejemplo de paz, de amor, de cuidado, de compasión, de entrega, de servicio y, por supuesto, de no violencia. No hay evidencia de ningún tipo que muestre a Jesús de Nazaret atacando, violentando, agrediendo, ni siendo violento contra un ser humano. Y no solo tenemos evidencia de pagar con el bien, con amor, y no devolver por ninguna razón con mal en Jesús, sino también en los apóstoles.

Si somos cristianos, nuestro ejemplo es Jesús. Debemos seguirle en TODO.

Las convicciones cristianas de paz y no violencia no se pueden negociar por creer que "ser violentos es la solución". Los pacificadores, los no violentos, los que resisten el mal con el bien… esos son los cristianos, los que Jesús honra. Ese es el ejemplo de Jesús.

No es violentar y matar para vencer a los violentos.

Es luchar y resistir.

Sigamos a Jesús en todo, no solamente en lo que nos conviene.

La idea de perdonar y no pagar con la misma moneda es un provocativo invento cristiano.

La naturaleza nos muestra un modelo distinto: en ella impera la ley del más fuerte. Ningún gato perdonará la vida a un ratón, y cuando un animal salvaje está enfermo o débil no tiene ninguna oportunidad de sobrevivir. Opuesto a esto, tenemos la exigencia cristiana de perdonar al enemigo, y más aún de amarle.

La idea parece a primera vista absurda y poco sensata. Lo razonable es aprovechar el momento favorable y clavar el puñal al enemigo, antes de que él nos lo clave a nosotros. Pero curiosamente es una idea que, a pesar de todo, se ha impuesto. No es que el amor al enemigo se practique por todo el mundo –lamentablemente ese no es el caso– pero la idea, una vez pensada, vivida y expuesta, no puede hacerse desaparecer de nuevo. Quienes son contrarios a ella no han conseguido silenciarla.

«Amen a sus enemigos y oren por quienes los persiguen» (Mateo 5:44).

El acto del perdón es el reflejo del carácter de Jesús al tomar la iniciativa de acercarse, amarnos y perdonarnos primero a nosotros. Jesús no sólo lo ha exigido, sino que lo ha mostrado en su propia vida.

Hay una frase bíblica muy conocida y que increíblemente aún se repite: «ojo por ojo».

Este principio de «ojo por ojo» –que muchos estudiosos creen que en su momento fue diseñado para reducir la violencia limitándola a una respuesta proporcional– se le llama la «ley del talión». Lo que me parece más peculiar con este argumento, es que nunca se recuerda o remarca que Jesús explícitamente mandó a sus seguidores a no obedecerlo: «"Ustedes han oído que se dijo: 'Ojo por ojo y diente por diente'. Pero yo les digo: No resistan al que les haga mal. Si alguien te da una bofetada en la mejilla derecha, vuélvele también la otra. Si alguien te pone pleito para quitarte la capa, déjale también la camisa. Si alguien te obliga a llevarle la carga un kilómetro, llévasela dos. Al que te pida, dale; y al que quiera tomar de ti prestado, no le vuelvas la espalda» (Mateo 5:38-42).

Jesús nos ha enseñado que es mejor mostrar misericordia y compasión.

Amar al enemigo es una verdad incómoda que debe ser anunciada.

Desde que se tiene memoria, han habido personas de las más diversas culturas y religiones que han considerado necesario formular leyes parecidas a la Regla de Oro: «Así que en todo traten ustedes a los demás tal y como quieren que ellos los traten a ustedes» (Mateo 7:12).

Esta Regla requiere un equilibrio que se supera cuando las personas, por amor y entrega, postergan sus propios intereses, cuando llegan a ser capaces de amar a sus enemigos o incluso de sacrificar su vida por otros.

Jesús antepone el reino de Dios a la Regla de Oro (Mateo 6:33). Jesús la formula a partir del contexto de la sobreabundante bondad divina. Dios ama sin límites. Entonces, cuando los hombres se dejan embargar por el amor de Dios, tienen la vivencia, como algo normal, natural, de que el bien de los demás les importa mucho. Esto demuestra que la Regla de Oro es compatible con otros intentos de superar el egoísmo humano.

El cristianismo comprende a profundidad la radical pecaminosidad del ser humano, que caracteriza incluso su comportamiento ético. Es por eso que el cumplimiento de la Ley es precisamente lo que conduce a la ejecución de Jesús. Cristo interpreta la Ley de una manera que hace que se cumpla, y muestra al hombre que la legalidad o legalismo no es la Ley. Para Él el cumplimiento de la Ley es el amor. Pues las leyes están ahí para los hombres, y no al contrario.

Mientras la Regla de Oro siga siendo apropiada para la reducción de la violencia, sigue de igual manera, cumpliendo una importante función incluso en un contexto hostil a Dios. No olvidemos el ejemplo de Jesús, donde el mundo al que llegó le fue hostil en todo tiempo, y a pesar de eso, su accionar fue amar al mundo hasta el punto pedir al Padre que perdonará a los hombres porque no sabían lo que hacían (Lucas 23:34).

Esta Regla en combinación con el amor al enemigo constituye una idea importante y que despierta entusiasmo. La Regla de Oro y la invitación a amar al enemigo son como magníficas instrucciones del director de escena en esta divina representación teatral, y nos ayudan a dar forma al papel que nos corresponde representar.

Posiblemente el mandamiento más difícil que hemos recibido de Jesús es ese mandamiento de amar al enemigo. Y pienso que éste mandamiento de amar a nuestros enemigos es una necesidad para nosotros, no fue solo un invento iluso de nuestro Señor, fue un mandato que forma parte de lo que debe ser nuestro diario vivir.

Amar, e incluso amar a nuestros enemigos es vital para la solución de los problemas de nuestra humanidad.

Dios es amor.

En su mismísima naturaleza, Dios es amor.

Dios nos ha dado amor, y nos ha dado la capacidad para amar. Cuando amamos, conocemos a Dios y actuamos como Él. El amor puede transformar las circunstancias, y puede convertir un enemigo en amigo. Solo el amor puede hacer eso. El odio no elimina a los enemigos. Para poder eliminar a un enemigo, debemos eliminar la enemistad que existe. Y mientras el odio le da fuerza a esa enemistad, el amor debilita la enemistad hasta desaparecerla por completo. El amor es un poder redentor. Por amor Dios salió a nuestro encuentro y nos ha traído redención.

En la vida de Martin Luther King, Jr. vemos a un hombre que parece que no tenía miedo. Probablemente, esto haya sido así.

El miedo es gran enemigo.

Un ejemplo claro es, el miedo a la muerte que nos ataca a diario. Vivimos temiendo a la muerte. Y déjame decirte que muchos toman esto como ventaja para atormentarnos. Pero, es esa confianza y esperanza que vemos en Luther King, la que necesitamos hoy para enfrentar las dificultades diarias. Y con la ayuda de Dios, así como la tuvo Luther King, podemos nosotros también desarmar a nuestros enemigos con el amor, y no con violencia.

En Mateo 5:39-43, 45, leemos: «Pero yo les digo: No resistan al que les haga mal. Si alguien te da una bofetada en la mejilla derecha, vuélvele también la otra. Si alguien te pone pleito para quitarte la capa, déjale también la camisa. Si alguien te obliga a llevarle la carga un kilómetro, llévasela dos. Al que te pida, dale; y al que quiera tomar de ti prestado, no le vuelvas la espalda… Amen a sus enemigos y oren por quienes los persiguen, para que sean hijos de su Padre que está en el cielo».

Vemos claramente una muestra de lo que es la «no-violencia».

Posiblemente, la no-violencia sea una de las doctrinas cristianas más difíciles de aceptar. Quizás esto sea debido a nuestra crianza llena de ideologías de venganza, violencia, y superioridad. Pero, las enseñanzas del Señor Jesús fueron completamente radicales, tanto así que estuvieron en conflicto con el mismo entorno del primer siglo, así como lo están hoy en día. Entendiendo lo que hablamos en el capítulo VI, la razón de este conflicto es porque vivimos de forma placentera en el reino de los hombres. Recordemos que el Señor nos invita a olvidar los reinos terrenales, y vivir en el reino de Dios.

El reino de Dios no es violento. La insignia del reino de Dios es un amor no-violento por los enemigos.

Seguramente, en este momento te está dejando de gustar el libro que tienes en tus manos (si es que no te ha dejado de gustar anteriormente). También, puede que en tu mente hayan surgido algunas objeciones o simplemente tu rostro refleja una actitud de rechazo a lo que estoy proponiendo. Pero no te preocupes, no te sientas molesto conmigo. Puedes pasar al siguiente capítulo, o seguir leyendo, si te atreves.

Yo entiendo que en la Biblia encontramos escenas completamente violentas. En el Antiguo Testamento podemos ver relatos que hacen rascarnos las cabezas, y pensar «¡Santo Cielo!». Yo confieso que he tenido muchas veces dificultades para lidiar con pasajes del Antiguo Testamento que sinceramente no puedo soportar, pero es otro tema que se escapa del nuestro.

Sin embargo, me parece que justificar la violencia con pasajes del Antiguo Testamento, es simplemente verlo como un libro de reglas que fueron escritas para imitarlas absolutamente todas, en todos los sentidos. Esto sería omitir el género literario de los libros, que por lo general son históricos y en donde se nos cuentan las anécdotas del pueblo de Israel, incluyendo lo malo, lo detestable, y lo que debe ser rechazado de todos los acontecimientos. Pensar que las narraciones históricas son para imitarlas, es leer la Escritura de una manera muy mala.

Aunque podemos encontrar algunas escenas violentas en el Antiguo Testamento, yo creo que en toda la Biblia se nos presenta una y otra vez la no-violencia como algo que a Dios le agrada. Algo que veo realizado en Jesucristo y en el reino que Él ha traído. Por eso, todos aquellos que son partícipes del reino deberían comprometerse a abstenerse de todo tipo de violencia.

Vamos a ver algunos pasajes bíblicos en los que yo sinceramente veo una clara enseñanza contra la violencia.

Comencemos viendo el deseo no-violento de Dios con respecto a la humanidad:

Leemos en 1 Crónicas 22:7-10, las siguientes palabras: «David le dijo a Salomón: «Hijo mío, yo tenía la intención de construir un templo para honrar al Señor mi Dios. Pero el Señor me dijo: "Ante mis propios ojos has derramado mucha sangre y has hecho muchas guerras en la Tierra; por eso no serás tú quien me construya un templo. Pero tendrás un hijo que será un hombre pacífico; yo haré que los países vecinos que sean sus enemigos lo dejen en paz; por eso se llamará Salomón. Durante su reinado, yo le daré a Israel paz y tranquilidad. Él será quien me construya un templo. Él será para mí como un hijo, y yo seré para él como un padre. Yo afirmaré para siempre el trono de su reino en Israel."»

En Isaías 2:4, leemos: «Él juzgará entre las naciones y será árbitro de muchos pueblos. Convertirán sus espadas en arados y sus lanzas en hoces. No levantará espada nación contra nación, y nunca más se adiestrarán para la guerra». Y en Isaías 9:2-6, leemos que el Príncipe de Paz viene, y todo derramamiento de sangre terminará.

En Miqueas 4:3-7, podemos leer una hermosa expresión del deseo de Dios para la humanidad: «Dios mismo juzgará entre muchos pueblos, y administrará justicia a naciones poderosas y lejanas. Convertirán en azadones sus espadas, y en hoces sus lanzas. Ya no alzará su espada nación contra nación, ni se adiestrarán más para la guerra. Cada uno se sentará bajo su parra y su higuera; y nadie perturbará su solaz—el Señor Todopoderoso lo ha dicho—. Todos los pueblos marchan en nombre de sus dioses, pero nosotros marchamos en el nombre del Señor, en el nombre de nuestro Dios, desde ahora y para siempre. «En aquel día —afirma el Señor — reuniré a las ovejas lastimadas, dispersas y maltratadas. Con las ovejas heridas formaré un remanente, y con las desterradas, una nación poderosa. El Señor reinará sobre ellas en el monte Sión desde ahora y para siempre».

Refiriéndose a Jesucristo, Zacarías nos presenta palabras maravillosas, que nos llevan a entender que caminar de la forma que Jesús lo hizo, es manifestar la verdad de que Él vino para acabar toda violencia: «¡Alégrate mucho, hija de Sión! ¡Grita de alegría, hija de Jerusalén! Mira, tu rey viene hacia ti, justo, salvador y humilde. Viene montado en un asno, en un pollino, cría de asna. Destruirá los carros de Efraín y los caballos de Jerusalén. Quebrará el arco de combate y proclamará paz a las naciones. Su dominio se extenderá de mar a mar, ¡desde el río Éufrates hasta los confines de la tierra!» (9:9-10).

Ahora, veamos algunos ejemplos de no-violencia en la vida y enseñanzas de nuestro Señor Jesús:

En Mateo 5:3-12, vemos que los bienaventurados son cierta clase de personas indefensas, misericordiosas, de puro corazón, entre otras cosas completamente antitéticas con respecto al uso de violencia: «Dichosos los pobres en espíritu, porque el reino de los cielos les pertenece. Dichosos los que lloran, porque serán consolados. Dichosos los humildes, porque recibirán la tierra como herencia. Dichosos los que tienen hambre y sed de justicia, porque serán saciados. Dichosos los compasivos, porque serán tratados con compasión. Dichosos los de corazón limpio, porque ellos verán a Dios. Dichosos los que trabajan por la paz, porque serán llamados hijos de Dios. Dichosos los perseguidos por causa de la justicia, porque el reino de los cielos les pertenece.»Dichosos serán ustedes cuando por mi causa la gente los insulte, los persiga y levante contra ustedes toda clase de calumnias. Alégrense y llénense de júbilo, porque les espera una gran recompensa en el cielo. Así también persiguieron a los profetas que los precedieron a ustedes.»

En Mateo 5:39-42, leemos también un perfecto ejemplo de la actitud no-violenta de Jesús: «Pero yo les digo: No resistan al que les haga mal. Si alguien te da una bofetada en la mejilla derecha, vuélvele también la otra. Si alguien te pone pleito para quitarte la camisa, déjale también la capa. Si alguien te obliga a llevarle la carga un kilómetro, llévasela dos. Al que te pida, dale; y al que quiera tomar de ti prestado, no le vuelvas la espalda.»

No puede haber una enseñanza tan directa, como la que encontramos en Lucas 6:27-37: «Pero a ustedes que me escuchan les digo: Amen a sus enemigos, hagan bien a quienes los odian, bendigan a quienes los maldicen, oren por quienes los maltratan. Si alguien te pega en una mejilla, vuélvele también la otra. Si alguien te quita la camisa, no le impidas que se lleve también la capa. Dale a todo el que te pida, y si alguien se lleva lo que es tuyo, no se lo reclames. Traten a los demás tal y como quieren que ellos los traten a ustedes. »¿Qué mérito tienen ustedes al amar a quienes los aman? Aun los pecadores lo hacen así. ¿Y qué mérito tienen ustedes al hacer bien a quienes les hacen bien? Aun los pecadores actúan así. ¿Y qué mérito tienen ustedes al dar prestado a quienes pueden corresponderles? Aun los pecadores se prestan entre sí, esperando recibir el mismo trato. Ustedes, por el contrario, amen a sus enemigos, háganles bien y denles prestado sin esperar nada a cambio. Así tendrán una gran recompensa y serán hijos del Altísimo, porque él es bondadoso con los ingratos y malvados. Sean compasivos, así como su Padre es compasivo.»

El propio Señor Jesús dice que si su reino fuera como los del mundo, vendrían soldados y violentamente impedirían cualquier mal sobre Él, pero una característica del reino celestial es precisamente la ausencia de violencia (Juan 18:36).

Veamos algunos otros textos del Nuevo Testamento:

Leamos lo que dice Romanos 12:17-21; «No paguen a nadie mal por mal. Procuren hacer lo bueno delante de todos. Si es posible, y en cuanto dependa de ustedes, vivan en paz con todos. No tomen venganza, hermanos míos, sino dejen el castigo en las manos de Dios, porque está escrito: «Mía es la venganza; yo pagaré», dice el Señor. Antes bien, «Si tu enemigo tiene hambre, dale de comer; si tiene sed, dale de beber. Actuando así, harás que se avergüence de su conducta.» No te dejes vencer por el mal; al contrario, vence el mal con el bien.»

Y en Romanos 14:17-19; «… porque el reino de Dios no es cuestión de comidas o bebidas sino de justicia, paz y alegría en el Espíritu Santo. El que de esta manera sirve a Cristo, agrada a Dios y es aprobado por sus semejantes. Por lo tanto, esforcémonos por promover todo lo que conduzca a la paz y a la mutua edificación.»

En otro lado, en Efesios 5:1-2, leemos: «Por tanto, imiten a Dios, como hijos muy amados, y lleven una vida de amor, así como Cristo nos amó y se entregó por nosotros como ofrenda y sacrificio fragante para Dios.»

Hebreos 12:14, «Busquen la paz con todos, y la santidad, sin la cual nadie verá al Señor.»

Santiago 3:17-4:1, «En cambio, la sabiduría que desciende del cielo es ante todo pura, y además pacífica, bondadosa, dócil, llena de compasión y de buenos frutos, imparcial y sincera. En fin, el fruto de la justicia se siembra en paz para los que hacen la paz. ¿De dónde surgen las guerras y los conflictos entre ustedes? ¿No es precisamente de las pasiones que luchan dentro de ustedes mismos?»

En 1 Pedro 3:8-17, leemos: «En fin, vivan en armonía los unos con los otros; compartan penas y alegrías, practiquen el amor fraternal, sean compasivos y humildes. No devuelvan mal por mal ni insulto por insulto; más bien, bendigan, porque para esto fueron llamados, para heredar una bendición. En efecto, «el que quiera amar la vida y gozar de días felices, que refrene su lengua de hablar el mal y sus labios de proferir engaños; que se aparte del mal y haga el bien; que busque la paz y la siga. Porque los ojos del Señor están sobre los justos, y sus oídos, atentos a sus oraciones; pero el rostro del Señor está contra los que hacen el mal.» Y a ustedes, ¿quién les va a hacer daño si se esfuerzan por hacer el bien? ¡Dichosos si sufren por causa de la justicia! «No teman lo que ellos temen, ni se dejen asustar.» Más bien, honren en su corazón a Cristo como Señor. Estén siempre preparados para responder a todo el que les pida razón de la esperanza que hay en ustedes. Pero háganlo con gentileza y respeto, manteniendo la conciencia limpia, para que los que hablan mal de la buena conducta de ustedes en Cristo, se avergüencen de sus calumnias. Si es la voluntad de Dios, es preferible sufrir por hacer el bien que por hacer el mal.»

En la Escritura vemos una y otra vez que Dios ama la paz, y Dios anhela la paz entre los hombres. También somos llamados a imitar a Cristo, la realidad se encuentra en Cristo Jesús, y es a Él a quien debemos imitar.

Antes de escribir este capítulo, consulté a varias personas sobre que opinaban sobre el tema que estamos tratando. Hubo uno, como siempre con sus ocurrencias, que me respondió en forma humorística «Jesús hizo pedazos las mesas y si hubieses estado allí te hubiese dejado un ojo morado». Yo me reí por varios minutos, pero me ayudó al mismo tiempo a pensar en esta escena bíblica.

Recordemos que en esta escena, no se menciona a Jesús siendo violento contra nadie. Si Jesús hubiese lastimado físicamente a alguien, habría sido una contradicción de sus propias enseñanzas, y esto lo hubiese convertido en un mentiroso. Es cierto que la acción de Jesús fue una especie de desobediencia civil, una protesta; pero más allá de eso, no se menciona ni tiene registros de algún daño físico a una persona. Creo que hay una gran diferencia entre desobediencia civil y lastimar violentamente a alguien.

El gobierno usa la fuerza, tiene cuerpos policiales y militares, para perpetrar la muerte de seres humanos, pero como cristiano, rechazo la idea de que un cristiano puede participar en la muerte de otro ser humano, sin importar la razón. Así también rechazo la imposición de la fuerza de cualquier Estado.

Estoy seguro que alguno pensará: «¿Qué, sin importar la razón? Jorge se ha vuelto loco… deja que nada más entre alguien a su casa y quiera matar a su familia».

Esto es completamente entendible. Me parece un pensamiento razonable e interesante de meditar. Pero quiero aclarar que estoy hablando de no-violencia, no de pacifismo. Yo me considero un pacifista, no obstante, no me gusta mucho el término porque parece implicar el que simplemente no se actúe. Y «no hacer nada» no es la esencia de la no-violencia, sino todo lo contrario.

Entonces, no es que vamos a dejar que nuestras familias sean violadas y asesinadas. Por supuesto que no. Aunque es compleja una situación de tal estilo, debemos buscar muchas otras soluciones. Pero matar nunca debería ser una de esas opciones. No creo que debamos matar a alguien así esté justificado, porque aún si es un enemigo, Jesús nos manda a amarlo no a matarlo.

Lo siento, lo dice Jesús no yo.

El amor nos lleva a dejar de lastimar a los demás. Amar la víctima y amar al victimario. Suena difícil, lo sé. Para mí es difícil, pero Jesús nos insta a ello. ¿No fue acaso que, siendo nosotros sus enemigos, Él nos amó y dio su vida por nosotros? Pues ese es el ejemplo de Jesús, sus pisadas bien marcadas para ser seguidas.

Obviamente si decidimos obedecer y ser personas no-violentas, esto nos impedirá en ocasiones proteger nuestras vidas, pero, ¿no nos advirtió ya Jesús sobre esto? Tomemos nuestra cruz, y perdamos nuestra vida para Él.

La no-violencia es realmente una ofensa para nuestra razón y para nuestra cultura, pero: o es nuestro ideal o el de Jesús.

Jesús se entregó sin mencionar palabra. Jesús fue como oveja directa al matadero. Jesús fue rechazado y recibió oposición por parte de los samaritanos, y ¿qué pensaron sus discípulos? Leemos en Lucas 9:54, «Cuando los discípulos Jacobo y Juan vieron esto, le preguntaron:—Señor, ¿quieres que hagamos caer fuego del cielo para que los destruya?», pero Jesús les reprendió. En el momento que elegimos la violencia como la solución, no estamos siendo guiados por el espíritu de Cristo.

Estamos llamados a dar nuestra vida por la de los demás. Estamos llamados a morir si es posible en el nombre de Jesucristo, pero no estamos llamados a matar en su nombre. Si queremos realmente ser seguidores de Cristo Jesús, debemos entonces vivir y estar dispuestos a morir como Él.

Veamos cuál es el ejemplo que Jesús nos dio:

«Para esto fueron llamados, porque Cristo sufrió por ustedes, dándoles ejemplo para que sigan sus pasos. "Él no cometió ningún pecado, ni hubo engaño en su boca." Cuando proferían insultos contra él, no replicaba con insultos; cuando padecía, no amenazaba, sino que se entregaba a aquel que juzga con justicia». (1 Pedro 2:21-23)

¿Estamos dispuestos?

Jesús quiere que le sigamos, quiere que le imitemos.

Cuando cometemos un acto violento contra alguien, cuando por ejemplo golpeamos a un ser humano, es porque no estamos viendo la imagen de Dios en esa persona. Estamos ignorando la creación de Dios, su amor por esa persona, la compasión de Dios para conmigo mismo, y olvidamos su mandato de amar. Es decir, en cualquier acto de violencia Dios está ausente.

Como cristianos estamos llamados y obligados a protestar públicamente contra toda clase de injusticia, así como lo hizo Martin Luther King Jr. En esto, debemos igual proclamar el reino de Dios, y mostrar el amor de Cristo por la justicia, por la paz, y su mandato de amar a los enemigos.

El amor es la única arma que tenemos disponible para ejecutar este mandato. Solo cuando amamos somos capaces de dar testimonio genuino de la verdad.

Es posible que uno de los temas más resaltantes cuando hablamos de la no-violencia, sea aquel que tiene que ver con la pena de muerte o pena capital. En el sistema judicial venezolano no existe la pena de muerte, sin embargo es un tema de relevancia en nuestra actualidad debido a que en diversos países en todo el mundo, aún aplican este castigo.

Durante cierto tiempo apoyé la pena de muerte por muchas razones. Incluso pude tener varias conversaciones en las cuales respondí varios argumentos. Pero en los últimos años —y a medida que he estudiado, meditado y amado más al Jesús de la Biblia— he sido forzado a abandonar mi apoyo a la pena de muerte, y cualquier apoyo a la violencia en general.

Así como muchos justifican la violencia basándose en el Antiguo Testamento, la mayoría de los intentos de hacer un caso bíblico para el apoyo de la pena de muerte son argumentos basados principalmente en la ley del Antiguo Testamento.

Me parece que traer a mención algunas de las leyes de Moisés ignorando el resto, es inconsistente. La mayoría de quienes utilizan esta táctica hacen caso omiso de toda la enseñanza del Antiguo Testamento, olvidando convenientemente que la pena de muerte no puede aplicarse sin dos testigos oculares (Deuteronomio 17:6), y olvidan que incluso los prestamistas fueron considerados detestables y condenados a muerte (Ezequiel 18:13).

Pero si alguien insiste en construir un caso para apoyar las ejecuciones a partir del Antiguo Testamento, encontrará una verdad incómoda en las enseñanzas de Jesús.

Leemos nuevamente que Jesús nos dice en Mateo 5: «Ustedes han oído que se dijo: 'Ojo por ojo y diente por diente'. Pero yo les digo: No resistan al que les haga mal». Así que, sí, es cierto que el Antiguo Testamento permitió en un sentido la violencia retributiva, pero Jesús –tanto de palabra como de hecho– se colocó en desacuerdo con este principio o, como mínimo, instruyendo que ya no debe ser observado.

Seamos honestos, si dijeras «el que esté libre de pecado puede tirar la primera piedra», incluso Richard Dawkins[2] sabría de lo que estás hablando. Es un hecho que el propio Jesús detuvo una ejecución. Cuando Jesús dijo: «el que esté libre de pecado puede tirar la primera piedra», estaba enseñando que, si bien la muerte puede parecer justa, no hay nadie que sea digno de atar el nudo alrededor del cuello o encender la electricidad de la silla.

Vemos en Jesús una actitud misericordiosa y compasiva. Dios valora la misericordia y la compasión por encima de todo, lo que significa que debemos ser personas que deben valorar lo mismo. Después de todo, la misericordia es el lenguaje del amor de Dios. Yo mismo me he dado cuenta de la incompatibilidad entre amar a mi prójimo como a mí mismo y amar a mis enemigos, y una sentencia de pena de muerte contra ese mismo prójimo y enemigos.

Jesús nunca condenó a nadie a muerte… ¿Por qué deberíamos nosotros?

Necesitamos repensar esto, porque el corazón de la comunidad cristiana es la compasión, los derechos humanos y la dignidad invisible de cada ser humano hecho a la imagen de Dios. Creo que no es posible seguir simultáneamente al que prohibió la violencia, al mismo tiempo que participamos, la justificamos, o la apoyamos en sus diferentes formas.

La fe cristiana, es una fe que me enseña que la violencia no resuelve nuestros problemas y que nosotros –que seguimos a

---

2   Biólogo evolutivo y famoso por promover el ateísmo contemporáneo. Autor de The God Delusion [El espejismo de Dios].

Jesús—estamos llamados a otra forma de vida. «El que esté libre de pecado que tire la primera piedra». De nuevo, creo que estas palabras de Jesús a una multitud preparada para ejecutar a una mujer sorprendida en un acto criminal, son un recordatorio de que la pena de muerte dice más sobre nosotros y sobre cómo elegimos responder a la delincuencia, que sobre aquellos que en realidad cometieron el crimen.

Es momento de enseñar a la gente que seguir a Jesús significa una vida de no-violencia. Los que seguimos al Cristo ejecutado y resucitado, debemos ser las personas que estén constantemente en pro de la vida, de la gracia, y contra la muerte.

Un hecho muy cierto, y que debemos mantener en mente cada día de nuestras vidas es que no importa cuántos o quiénes son nuestros enemigos, Dios los ama a cada uno, y por esta razón no hay derecho en nosotros para dar un juicio final. No estoy diciendo que no debemos condenar y señalar la maldad, pero debemos amar.

Te hago una pregunta lector, ¿das gracias por tus enemigos?

Te hago otra pregunta lector, ¿oras por tus enemigos?

Si tenemos el Espíritu de Cristo, en nosotros habrá una palabra retumbando por todos lados: amor. Nuestro amor hacia nuestros enemigos debería ser tan real y poderoso, que toque sus corazones. Que haga reflejar de manera sobrenatural a Cristo sobre sus vidas. Amar es también perdonar. No es solo decir «yo amo a mi enemigo», sino es actuar conforme a esa verdad, y el perdón debe ser parte de ella. Recordemos aquellas increíbles palabras de nuestro misericordioso y compasivo Señor Jesús: «Padre —dijo Jesús—, perdónalos, porque no saben lo que hacen» (Lucas 23:34).

También recordemos que la única espada que Dios nos ha dado es la espada del Espíritu, no nos ha dado una espada violenta y asesina. Jesús nunca, pero nunca derramaría sangre. Jesús no es un verdugo, sino el Salvador.

¿No es Jesús precisamente el Príncipe de Paz? Jesús no es dador de muerte. Él no mata, sino que se entrega por nosotros y nos da vida. Jesús fue crucificado, pero Él no crucifica a nadie. Jesús no puede ser violento. Jesús no puede ser asesino.

Jesús no hizo nada que pusiera en duda su enseñanza de amar. Nada se puede decir de Jesús que contradiga su actitud compasiva y amorosa. Así mismo, nosotros no debemos hacer nada que contradiga al amor. Por lo tanto, matar a alguien es algo que no puede ser ni una opción.

Es hora de que busquemos la paz, no la violencia.

Paz es amistad. Fin del conflicto. Necesitamos amar para estar en paz. Paz es bienestar, seguridad, salud, prosperidad, abundancia, tranquilidad, armonía. Solo Dios nos da la paz, el descanso. Cristo es nuestra paz, como vimos al principio del libro: Cristo es el Reconciliador. El reconcilia todas las cosas con Dios. Su reino es de paz.

Querido lector, Dios nos llama a la paz, al amor, a la bondad, a la caridad, a la compasión, a la tolerancia, y si el mal viene, estamos llamados a sufrirlo si es necesario. Pero algo a lo que nunca hemos sido llamados es a cometer el mal. Si sufrimos alguna injusticia, es nuestro deber de someternos a Dios y resistir la maldad de la misma forma que nuestro Señor lo hizo: «perdónalos, porque no saben lo que hacen».

Si la muerte es uno de los más grandes enemigos de Dios, ¿Cómo no nos vamos a oponer a matar personas? Creo que debemos rehusarnos a cometer tal crimen contra un ser creado por Dios. Cristo venció la muerte, no puede ser que nosotros lo creamos y sigamos participando y apoyando cualquier tipo de muerte humana.

Una vez más: ¡Necesitamos paz!

En mi opinión, la paz de Dios no significa necesariamente una tranquilidad absoluta interior, y la eliminación de los problemas. ¡No! No podemos olvidar esto. Muchas veces pedimos y queremos una paz adaptada a nuestras propias condiciones. Una paz cómoda. Pero la paz de Dios es más que un simple estado de ánimo.

Tenemos nuevamente a Cristo como ejemplo. Se dio a conocer, y comenzó su ministerio pacíficamente, amando, mostrando amabilidad, mansedumbre, no-violencia, y paz. Pero en ningún momento vemos a Jesús imponiendo violentamente sus enseñanzas. Jesús es ejemplo de paz y de compasivo amor.

Creo que la no-violencia está basada completamente en el amor. Por esto, una actitud cristiana amorosa y no-violenta es clave para solucionar los conflictos, y para eliminar el mal de nuestros corazones, y del de los demás. La violencia crea en los demás odio. Si se multiplica la violencia, pues se multiplica el odio. Lastimar a otra persona, simplemente porque fuimos lastimados, es multiplicar el dolor de los dos.

El odio no elimina al odio.

La violencia no elimina la violencia.

El error no se puede corregir con el error.

El mal no elimina el mal.

El mismo Dios ama a sus enemigos, los bendice, les hace bien, y creo que eso es perfección.

*   *   *

Jesús nos ha dado el ejemplo perfecto de esto. Martin Luther King, Jr. también nos ha dado—aunque imperfecto—un buen ejemplo de ello.

Luther King tenía un sueño, y la mayoría de nosotros queremos ver ese mismo sueño cumplido: un mundo de paz, de justicia, y de amor. Pero como vimos en el capítulo VI, es con el establecimiento completo del reino y gobierno de Dios que podemos ver este sueño cumplido en su totalidad. No obstante, desde ya podemos experimentar parte del cumplimiento de ese sueño. Jesucristo acercó el reino, y con su obra nos ha dado una probada de cómo sería ese sueño cumplido. Si queremos saborear un trozo de ese sueño, pues actuemos en amor de acuerdo a Dios y su gobierno.

Como ya dije, Jesús nos ha dado el ejemplo. Él ha trazado y alumbrado la senda por la cual debemos transitar. Él es el prototipo y modelo divino a seguir. Imitándole, definitivamente nos hará ser *más humanos* y *más espirituales*.

Capítulo 9

¡QUE EL AMOR DE DIOS TE ACOMPAÑE!

No se puede ser fuerte sin amor. Porque el amor no es una emoción irrelevante; es la sangre de la vida.

— Paul Tillich

El asunto principal de la vida es el amor. Es imposible amar en el pasado o en el futuro. El amor sólo es posible en el presente, ahora, en este minuto.

— León Tolstói

Sé que el amor es en última instancia la única respuesta a los problemas de la humanidad.

— Martin Luther King Jr.

LOS GUSTOS DEL SER HUMANO SON SUBJETIVOS. Están los amantes del chocolate por ejemplo, y están los que no lo soportan (¿realmente puede existir alguien que no le guste el chocolate?). Están los que disfrutan un buen jazz, mientras que a otros les parece el género musical más aburrido de todos. Está esa película que una gran cantidad de personas adoran y, posiblemente, la misma cantidad detesta. Podemos mencionar Star Wars como un vivo ejemplo.

La épica franquicia de George Lucas comenzada en 1977 ha generado un culto inimaginable entre los más fervientes amantes de la saga. Star Wars se ha convertido en una de esas historias que nunca serán olvidadas, y que seguirá causando disfrute y hasta obsesión entre muchos.

El impacto cultural de esta historia creo que es inmedible. Video juegos, películas, cómics, animaciones, accesorios, disfraces, música, series de televisión, literatura, shows, juguetes, y pare de contar. Se estima que solo las películas de Star Wars han recaudado un total de 6.394.819.524 dólares a nivel mundial. En 2012, se estimó el valor total de la franquicia y fue de 30.7 mil millones de dólares.

En la historia encontramos humanoides, alienígenas, droides robóticos, imperios galácticos, y por supuesto mucha violencia intergaláctica. Es una batalla espacial constante entre distintas fuerzas y poderes. Aunque no me considero un gran fan de la saga, no puedo negar la genialidad de su contenido, así mismo como lo maravillosas de las producciones que Hollywood ha hecho de esta historia.

La convicción de los personajes principales está basada en que la «fuerza» les acompañará en cada batalla. Es casi un eslogan de la película la frase «que la fuerza te acompañe». Por esta razón, en el caso de la realidad que vemos en Star Wars, la victoria en la batalla entre el bien y el mal depende de la «fuerza», y de si ella está o no contigo.

En nuestro caso, es Cristo quien nos da la convicción de que hemos sido liberados, de que somos victoriosos; ya hemos visto eso desde el principio de este libro. No obstante, muchas veces parece que no experimentamos esta verdad, ¿cierto?

¿Quién no está a la espera de la liberación total de Dios para con el hombre?

¿No seguimos atravesando dificultades que nos hacen dudar de la victoria?

¿No se sigue cometiendo injusticias con nosotros y los demás?

Esto es porque vivimos en una guerra como en Star Wars, pero no entre galaxias, sino universal y espiritual. Pero en esta difícil guerra debemos mantener una sola y perfecta convicción, y es que nuestro Dios es un Dios de liberación, y Jesús es victorioso.

No podemos resistirnos a esta verdad. No podemos olvidarla ni tampoco omitirla. Si nuestro Dios es el Dios de la salvación, entonces debemos entender que no podemos liberarnos por nuestro propio poder. Y es que tampoco podemos confiar ni descansar en nuestra «fe». En realidad, nuestra fe, en el sentido de cuánto creemos, no es muy importante. Pues, solo Dios es importante. Solo Dios es digno de confiar y de esperar, porque Él ha demostrado que es el único Ayudador quien cuida de nosotros y nos saca de la esclavitud. Todo aquel que se entrega y rinde a Dios, descubre que Él es poderoso para liberar. Si tú lector, no crees en Dios, o dudas, o sientes impotencia por la injusticia o porque «Dios parece estar lejos», te digo: confía. Dios es poderoso para liberar y salvar.

Tengamos fe. Confiemos —como hijos— en el Señor, pues esa confianza es la que vence. No nos engañemos a nosotros mismos. Cuando nos rehusamos a confiar en Dios, es cuando fallamos en experimentar la plenitud de la victoria de nuestro Señor Jesús. Seamos como niños como nos dice el Señor. Confiemos en Él, y no seremos defraudados.

La realidad de mi país Venezuela es difícil en la actualidad. Vivimos una época de escasez, de violencia, de inseguridad extrema, de una inflación que no se detiene y nos agobia más y más. La verdad es un gran reto para los que confían en Dios, y para los que se sienten parte del reino de Dios. Es difícil ayudar cuando uno mismo no tiene. Es difícil dar limosna cuando son muchos los charlatanes que piden dinero para drogas. Es difícil resistir la violencia, la injusticia y la opresión que se vive a diario. Y, posiblemente, tú que lees esto y no vives en Venezuela, también estés experimentando lo mismo en tu propio entorno.

Pero, ¡hay esperanza!

Necesitamos urgentemente la simplicidad del corazón que expande el poder de Jesús en este mundo. Vivimos en una guerra diaria. Los reinos terrenales quieren resistirse y se oponen a la irrupción del reino de Dios, el cual se acerca más y más.

¡Ya está aquí!

Está entre nosotros.

Está en ti y en mí.

En esta guerra, hay momentos en los que debemos arriesgar nuestras vidas para ganar un objetivo mayor.

Vemos el infierno evidenciado aquí mismo en la Tierra. Sin embargo, debemos luchar. Basta de autocompadecernos, de quejarnos, de vernos a nosotros mismos y olvidar al que está a nuestro lado. Olvidamos al vecino que nos necesita. ¡Hay que luchar! No es momento para lloriquear, sino para marchar hacia adelante y construir para el reino de Dios que ya está aquí. Debemos luchar esta guerra aquí y ahora.

La obra de Cristo marcó un nuevo comienzo para la humanidad, para el mundo, para el cosmos entero. El futuro ya tiene su esperanza.

Clamemos: ¡Jesús es el vencedor eterno!

Con fe, amor, esperanza, justicia, compasión y todo lo que nuestro Señor Jesús nos enseñó, podemos confrontar los poderes contrarios al reino de nuestro Dios; no es con egoísmo, violencia, y comodidad, sino con el poder del amor de Jesús. Nuestras sociedades y culturas están en decadencia, pero no podemos callar. Debemos clamar en todo lugar: ¡Jesús es el vencedor! Y debido a que nuestro Rey y Señor es el vencedor eterno, nosotros tenemos la convicción de que en Él, somos más que vencedores. La guerra tiene ya sus ganadores. Y la paz es el ambiente del reino que ganará: el reino de Dios.

No olvidemos que Dios es nuestro protector. Pero de nuevo: debemos luchar. Luchemos, ya que Cristo mismo estará delante de nosotros guardándonos. En nuestra misma debilidad, el Señor es fuerte y nos sostiene. A pesar de nuestra debilidad tenemos la tarea de luchar.

No puede haber obstáculo que nos detenga, y tampoco podemos permitir que haya. Cualquier obstáculo que se interponga debemos quitarlo sin dejar que nos paralice. La maldad no puede ser una barrera que nos frene. Recordemos que no estamos puestos para eliminar la maldad de este mundo con nuestras fuerzas humanas. Nuestro deber es creer que Dios limpiará todo lo que opaca su justicia y rectitud. Confiar y tener fe en el Señor, es precisamente creer que Él actuará. Solamente el Señor Jesús puede salvarnos, no solo de manera hipotética, sino en verdad. Puede salvarnos de manera tangible y real, aquí y ahora.

Por esto, por medio de la obra de Cristo, debemos convertirnos en colaboradores y luchadores junto con Jesús, tanto en las cosas pequeñas como en las grandes. Entonces, no debemos desmayar ni dejarnos envolver por la ansiedad, sino simplemente pelear la batalla, luchar en la guerra.

Dios está de nuestro lado. La fuerza de Dios está con nosotros. Si debemos sufrir, hagámoslo sin perder la confianza, porque recordemos lo que vimos anteriormente: incluso en la muerte, viene la vida. Nuestra tarea es sacrificarnos y permanecer fieles. En vez de buscar suplir nuestros propios deseos egoístas, debemos dejar de lado toda posesión y luchar. Debemos ser los que testifiquen el gobierno de Dios en este mundo y en todo el cosmos.

No es tiempo para estar perdiendo el tiempo en conversaciones vanas.

No es tiempo para vivir quejándonos porque no nos tratan bien.

No es tiempo para mirar lo terrenal.

No es tiempo para centrarnos en nosotros y nuestra necesidad.

Recordemos lo que el apóstol Pablo nos dice en Colosenses 1:15-20:

«Él es la imagen del Dios invisible, el primogénito de toda creación, porque por medio de él fueron creadas todas las cosas en el cielo y en la tierra, visibles e invisibles, sean tronos, poderes, principados o autoridades: todo ha sido creado por medio de él y para él. Él es anterior a todas las cosas, que por medio de él forman un todo coherente. Él es la cabeza del cuerpo, que es la iglesia. Él es el principio, el primogénito de la resurrección, para ser en todo el primero. Porque a Dios le agradó habitar en él con toda su plenitud y, por medio de él, reconciliar consigo todas las cosas, tanto las que están en la tierra como las que están en el cielo, haciendo la paz mediante la sangre que derramó en la cruz.»

¡Cuán grande es nuestro Señor Jesucristo!

¡Jesús, el hombre del cielo y de la Tierra!

Él es nuestro Señor victorioso.

Él ha ganado la guerra.

Él ha vencido, y nosotros con Él... pero debemos seguir luchando, no podemos detenernos.

En Star Wars podemos ver naves, armas, sables láser, y otras tecnologías alienígenas y futurísticas. En el reino de Dios hay un arma muy especial, la mayor de todas: el amor. Y es el amor el que nos lleva aún a dar nuestras vidas por la de otros en esta guerra espiritual (Juan 15:13). Entregar nuestra vida no es necesariamente morir como héroes, sino que implica vivir nuestra vida para los demás. Dar nuestras fuerzas, nuestro dinero, nuestras posesiones, nuestro esfuerzo, nuestra energía, nuestro tiempo, dar todo.

Si queremos ver un ejemplo de esto –porque quizá no te sientas convencido– entonces mira a Jesús y su forma de vivir. El Señor no tenía ni donde recostar su cabeza. No tuvo palacios, terrenos, riquezas. No aceptó títulos, medallas, corona, honores. ¡Nada! Miremos incluso cómo fueron las condiciones de su propio nacimiento. Su vida fue pobre. Y su fin en la cruz, fue igual de miserable.

La vida de nuestro Señor fue una vida sufrida. Si observamos esto, nos damos cuenta que el sufrimiento es necesario en nuestra búsqueda de Dios y en el transcurso de esta guerra. El sufrimiento nos sensibiliza ante la situación de los demás. Y Jesús es nuestro máximo apoyo, para no decaer. Él no lo hizo.

El Señor nos conoce muy bien. Si sufrimos, no sufrimos solos pues Él sufrió peor que nosotros, y en medio de nuestro sufrimiento Él está con nosotros. Es probable, que en medio de esta guerra en la que nos encontramos seamos heridos, pero Él está de nuestro lado. Él nos entiende, Él nos sostiene, Él ha vencido.

Somos más que vencedores en Jesucristo, no lo olvidemos jamás. Sí, Jesús conoce nuestro dolor y desdicha, pero también nos da fuerzas y alegrías para liberarnos de nuestras dificultades.

Nuestro Dios sabe lo que necesitamos para seguir luchando (Mateo 8:20).

Nosotros, los que parecemos indignos y viles (Mateo 11:25), somos precisamente llamados por Dios para luchar y batallar en esta guerra, y reflejar el poder del amor de Dios, ser parte de la Iglesia y proclamar el Evangelio; es decir, que Jesús, el Cristo es el Rey y Señor de la creación. ¿Es lo que estamos haciendo?

No hay otra arma más poderosa que el amor (2 Juan 5). El amor es la alegría que nos causan los otros. Palabras de amor comunican la alegría que sentimos en la presencia de nuestro prójimo. Pobre de nosotros si no actuamos con amor, sino que el odio, el egoísmo y la crítica están por delante. ¡Ay de nosotros si no tenemos amor! Pobre de cualquiera que amoneste y exhorte a su prójimo y no tenga en su corazón amor por ellos.

Es un asesino.

Porque la verdad sin amor mata, y el amor sin verdad miente.

El amor echa fuera cualquier envidia y descontento de parte nuestra.

Karl Barth decía que el pecado es falta de gratitud a Dios, mientras que otros dicen que el pecado es falta de amor. La verdad, creo que las dos cosas van de la mano: tanto la gratitud como el amor. En vez de ser ingratos, necesitamos ser agradecidos. En vez de quejarnos, necesitamos recordar que todo es un regalo de parte de Dios.

El apóstol Pablo nos exhorta diciendo, «¿Quién te distingue de los demás? ¿Qué tienes que no hayas recibido? Y si lo recibiste, ¿por qué presumes como si no te lo hubieran dado?» (1 Corintios 4:7).

Recordemos siempre que nuestra envidia siempre pregunta:

¿Por qué a ellos?

¿Por qué él tiene mejores cosas que yo?

¿Por qué tiene un mejor trabajo y mucho dinero, y yo no tengo nada?

Mientras que nuestra gratitud dice:

¿Por qué yo?

¿Por qué tengo agua potable para beber cuando tanta gente en el mundo no tiene?

¿Por qué no estoy bajo persecución?

¿Por qué no estoy en prisión por causa de mi fe?

La envidia –que es la misma ingratitud– se basa en la mentira de que tenemos que tener más para ser más felices. Pues, no es verdad. La felicidad es una elección que Dios nos da a escoger por medio de Él mismo. Si no eres feliz ahora, no serás feliz teniendo más. Y esto lo podemos ver en miles de personas que conocemos, las cuales tienen mucho, y tú y yo sabemos que no son felices.

Parte de la madurez es aprender a estar contentos cuando las cosas no nos salen bien, con lo que no tenemos. Es mejor estar satisfechos con lo que tenemos, que siempre querer algo más. Cuando entendemos esto, es más fácil entonces amar a los demás, amar a los que tienen menos y nos lleva también a ayudarles.

Por esto, aprendamos a ser agradecidos por quienes somos y por lo que tenemos. Pues, ¡Todo lo que tienes es un regalo de parte de Dios!

No es tiempo para la envidia, la ingratitud, ni mucho menos para vivir hablando mal de los demás.

Cuando hablamos mal de los demás no solo demuestra lo mal que estamos, sino que también muestra lo perdidos y confundidos que estamos en medio de la batalla, en medio de la guerra. Si solo vives hablando, criticando y juzgando a los demás, entonces no has entendido la realidad de la guerra que tenemos, e ignoras la tarea que el Señor nos ha dado. No estás amando.

Martín Lutero tenía una interesante explicación del octavo mandamiento: «No darás falso testimonio contra tu prójimo» (Éxodo 20:16; Deuteronomio 5:20). Lutero pensaba que no debemos mentir a nuestro prójimo, traicionarle, calumniarle, ni dañar su fama, sino que debemos disculparle, hablar bien de él y hacer que todo torne únicamente para lo mejor.

En lugar de andar meditando en los puntos débiles, en lugar de suponer lo peor, debemos pensar únicamente en lo mejor. La hermenéutica de la sospecha debe sustituirse por una filosofía de la protección.

Mi esposa me ha exhortado varias veces cuando de mí han salido críticas y menosprecio hacia mi prójimo. Y, ¡cuánta vergüenza siento cuando ella me corrige!, porque en esos momentos veo cuán desenfocado estoy en la guerra. En vez de luchar con los demás, me pongo a ver a los demás luchar, mientras yo me relajo y me despreocupo por los soldados de mi propio ejército.

La filosofía de la protección no significa esconder la basura debajo de la alfombra. Se trata de la actitud amorosa fundamental que sólo protege y sigue sirviendo de ayuda. Esto es parte de luchar.

Hay en la Biblia una parábola interesante del siervo sin amor al que se le ha perdonado una enorme deuda y que inmediatamente después manda a la cárcel a un deudor suyo que le debe una cantidad muy inferior (Mateo 18:23-25). No tiene nada de extraño que este hombre acabe mal.

Cuando el corazón no se ensancha de gratitud por el trato amable recibido de alegría por la amorosa protección, en verdad no puede hacerse nada.

¡Dejemos de jugar!

«Si hablo en lenguas humanas y angelicales, pero no tengo amor, no soy más que un metal que resuena o un platillo que hace ruido. Si tengo el don de profecía y entiendo todos los misterios y poseo todo conocimiento, y si tengo una fe que logra trasladar montañas, pero me falta el amor, no soy nada. Si reparto entre los pobres todo lo que poseo, y si entrego mi cuerpo para que lo consuman las llamas, pero no tengo amor, nada gano con eso. El amor es paciente, es bondadoso. El amor no es envidioso ni jactancioso ni orgulloso. No se comporta con rudeza, no es egoísta, no se enoja fácilmente, no guarda rencor. El amor no se deleita en la maldad sino que se regocija con la verdad. Todo lo disculpa, todo lo cree, todo lo espera, todo lo soporta. El amor jamás se extingue, mientras que el don de profecía cesará, el de lenguas será silenciado y el de conocimiento desaparecerá. Porque conocemos y profetizamos de manera imperfecta; pero cuando llegue lo perfecto, lo imperfecto desaparecerá. Cuando yo era niño, hablaba como niño, pensaba como niño, razonaba como niño; cuando llegué a ser adulto, dejé atrás las cosas de niño. Ahora vemos de manera indirecta y velada, como en un espejo; pero entonces veremos cara a cara. Ahora conozco de manera imperfecta, pero entonces conoceré tal y como soy conocido. Ahora, pues, permanecen estas tres virtudes: la fe, la esperanza y el amor. Pero la más excelente de ellas es el amor.» (1 Corintios 13)

¡Qué hermosas palabras!

Podemos ver allí, que el amor es lo más grande en la realidad de Dios, y a la vez nos damos cuenta de que no solo explica el amor de una forma práctica. No solo nos dice cuán disciplinados debemos ser en amar, bajo cualquier circunstancia que sea. Sino que el apóstol expresa al mismo tiempo su incapacidad –y la nuestra– de experimentar completamente el amor. Lo que somos hoy, y como amamos hoy, no será lo mismo que en el futuro de Dios. No obstante, debemos vivir hoy como si ya estuviéramos en ese futuro renovado; es decir, debemos amar completamente.

¡El amor no es un simple deber, es el destino que tenemos!

¡Amar es nuestro destino futuro!

¡Hay esperanza! Y tal esperanza está basada en el amor. Cuando amamos a Dios y amamos al prójimo, viene a nosotros la esperanza. La esperanza y el amor deben darse la mano en nuestro día a día.

Muchas personas odian a Dios por malas experiencias en la vida, o en iglesias. Son muchos los que se estremecen y llenan de ira con el simple hecho de escuchar la palabra «Dios» o «iglesia». Hay muchos que le huyen a Dios porque lo ven como un ser que solo exige y exige, y ven el cristianismo como un sistema de reglas, de mandamientos, y de obligaciones. Pero, ¡por el amor de Dios!... El único mandato de Dios es que amemos. El mismo Jesús dijo: «Ama al Señor tu Dios con todo tu corazón, con todo tu ser y con toda tu mente... Ama a tu prójimo como a ti mismo» (Mateo 22:37-40).

¡Eso es todo!

Ese es todo el supuesto «detestable sistema de reglas». Dios lo único que nos exige es que amemos.

Una vez más, es el amor el arma principal en esta guerra. El reino de Dios está irrumpiendo más y más. Reino de amor, justicia y paz. Y es éste reino lo que nos importa. El honor y la glorificación de nuestro Dios.

El amor es un don de Dios, y viene a nosotros cuando somos pacientes en la aflicción, cuando permanecemos cerca de Él, cuando luchamos contra el pecado y las maldades, cuando intentamos renunciar a nosotros mismos; es decir, cuando batallamos en esta guerra. Recibimos el amor por medio de esos gestos con los que renunciamos a nuestro egoísmo y orgullo. Y de esa misma manera el amor —como arma— nos ayuda a vencer pequeñas batallas diarias, y así hacernos más semejantes al Rey del reino que se está estableciendo.

El amor está presente en todos los peldaños de nuestra vida espiritual, pero éste no se puede imponer. El amor viene cuando permanecemos en la justicia y en la verdad del reino. Porque, si somos egoístas, desde luego que no estamos en la justicia ni en la verdad. Y, poco a poco, orando, pidiéndole a Dios que nos dé su amor, recibimos el amor por nuestros semejantes.

Como ya dije, en Star Wars el deseo de todos es que la «fuerza» esté con ellos. El que esto sea así, representa la victoria. Así mismo, Jesús está con nosotros. Y esto también representa la victoria, precisamente porque Él ya ha vencido. Nada debemos temer, pues el Señor no nos dejará ni nos abandonará. Solo nos pide que luchemos en esta guerra con amor, paciencia, y con entrega. No podemos distraernos. No podemos perder el norte.

Repasemos estas palabras inmortales de León Tolstói, palabras que han atravesado mi corazón y retumban siempre en mi cabeza:

«Comprendamos solamente que no es la realización de un programa democrático de anarquistas, socialistas, pacifistas o cualquiera otros, ni de las formulaciones religiosas actuales, lo que podrá liberarnos de nuestros males; porque sólo nos liberará el conocer la verdadera religión en su integridad: aquella verdad presente desde los orígenes hasta hoy, que reside en todo corazón humano, y que ha sido revelada de manera clara, sencilla y convincente en todas las doctrinas más auténticas sobre la vida y de un modo muy claro y cercano a nosotros en las enseñanzas de Cristo. Comprendamos y reconozcamos sólo esta verdad: la verdad según la cual nuestra vida consiste sólo en la manifestación de un amor creciente, un amor incompatible con la violencia. Comprendamos solamente que es en este crecimiento del amor, en cada persona y en toda la humanidad, donde reside la felicidad para todos y para cada uno», (Diario personal, 19 febrero de 1908).

«Sólo nos es dada una forma de felicidad del todo inalienable, la del amor. Basta con amar y todo es alegría: el cielo, los árboles, uno mismo. Y sin embargo, la gente busca la felicidad en todas partes menos en el amor. Y es precisamente esta forma errónea de búsqueda de felicidad en la riqueza, en el poder, en la fama o en un amor excluyente, la que no sólo no nos da felicidad, sino que nos la quita del todo», (Diario personal, 21 junio de 1910).

Dios creó por amor...

Dios nos permitió disfrutar de Él por amor...

Dios decidió restaurar la creación por amor...

Dios tiene propósito con su creación por amor...

Dios tiene un propósito en tu vida porque te ama...

El Evangelio de Lucas comienza con las palabras «no temas». El ángel le dice a María «no temas». Luego a José se le dice «no temas». Las primeras palabras de Jesús resucitado a sus discípulos fueron «no teman». En Hebreos leemos que Jesús vino a quitar el miedo a la muerte. En la primera carta de Juan se nos dice que el amor perfecto echa fuera el temor.

¡No hay nada que temer!

El amor perfecto de Dios expulsa todo nuestro temor: el temor a la muerte, al castigo, al dolor, al rechazo, a la violencia, al racismo, a muchas cosas. Vivimos en un universo donde, desde la perspectiva de Dios, el miedo y temor han sido expulsados completamente. Ya no tenemos que temer a nada, porque creemos en un Dios de vida, en un Dios de esperanza, un Dios que trae resurrección, plenitud, que traerá una nueva creación que será tan extraordinaria, que las palabras se quedan cortas al tratar de describirla, y esa es nuestra esperanza.

No tengamos temor.

Aún ni de las personas malvadas.

El mandato que tenemos es: amar.

Recordemos las palabras sobre la pureza y el corazón misericordioso y amoroso de Isaac el Sirio:

«¿Qué es un corazón compasivo? Es un corazón que arde por toda la creación, por todos los hombres, por los pájaros, por las bestias, por los demonios, por toda criatura. Cuando piensa en ellos y cuando los ve, sus ojos se le llenan de lágrimas. Tan intensa y violenta es su compasión, tan grande es su constancia, que su corazón se encoge y no puede soportar oír o presenciar el más mínimo daño o tristeza en el seno de la creación. Por eso es por lo que, con lágrimas, intercede sin cesar por los animales irracionales, por los enemigos de la verdad y por todos los que le molestan, para que sean preservados del mal y perdonados. Es la inmensa compasión que se eleva en su corazón –una compasión sin límites, a imagen de Dios», (Isaac el Sirio, Homilía 71).

Amemos incluso a los hombres más malvados, porque ése amor será el resplandor del amor divino, y el amor de Dios es el más grande que hay sobre la Tierra. Amemos a toda la creación de Dios, hasta el más pequeño grano de arena. Como dice Isaac el Sirio: amemos las plantas, los árboles, sus hojas, sus frutos, cada rayo de luz que nuestro Dios nos da. Amemos a los animales, amemos todo lo que Dios ha creado. Si amamos, podremos percibir la misteriosa obra creadora de Dios. Que el amor humilde siempre se refleje en nosotros.

Amemos la humildad…

Amemos la paz…

Amemos la justicia…

Amemos la compasión…

Amemos a Dios…

Amemos al prójimo…

Amemos como Él nos ha amado…

¡Amemos! Al hacerlo, somos más humanos, más espirituales.

Capítulo 10

TODO SE TRATA DEL AMOR

El amor, pues, es el camino de la salvación. Sigamos este camino, para que así heredemos la vida eterna.

— San Juan Crisóstomo

La voluntad de Dios se encuentra ciertamente en todo lo que se requiere de nosotros para que podamos unirnos unos a otros en el amor.

— Thomas Merton

Con el fin de cambiar la naturaleza de las cosas, en nosotros o en los demás, deberíamos cambiar, no los acontecimientos, sino los pensamientos que crearon dichos acontecimientos.

— León Tolstói

LA VERDAD ES QUE NO PODEMOS HACER NADA para mejorar cada uno de nosotros sin un progreso o cambio en la mentalidad y conciencia humana. Por esta razón, cualquiera de nosotros que pretenda mejorar su vida, deberá dedicarse arduamente a mejorar su mentalidad y su conciencia a través de las enseñanzas de Jesús. No obstante, de manera lamentable, esto es lo que los hombres no quieren hacer, sino más bien usan la fuerza para cambiar sus formas de vida y esperan así que sus mentalidades cambien.

Toda persona que se encuentra realmente con el cristianismo puede liberarse de la esclavitud mental en la cual se encuentra, y solo el cristianismo nos da la posibilidad de cambiar y mejorar nuestra vida personal y comunitaria. Esto es claro para todo ser humano, pero no todos lo aceptan, unos porque simplemente no quieren, otros por cegarse ante sistemas sociopolíticos.

Seas cristiano o no querido lector, tú y yo, todos nosotros, tenemos una común responsabilidad en este mundo, y esa es una responsabilidad por nuestro futuro. Es una responsabilidad de la que, el diálogo y el compañerismo con todas las personas sin importar su religión o raza, tienen que tomar conciencia, y con la que tenemos que cumplir con hechos.

¿Cómo podremos sobrevivir si no podemos convivir y trabajar juntos?

Entonces, la convivencia y el diálogo es sumamente vital para poder cumplir nuestra responsabilidad con el futuro.

Todos los hechos de la historia nos muestran que nuestro mundo no puede cambiar o mejorar sin un cambio previo de mentalidad en la persona y en la comunidad. Por esta razón, nuestra meta hoy es trabajar en nuestra mentalidad. Luchar contra nuestros propios intereses egoístas, contra nuestra vanidad, y eliminar todo aquello que nos aleja del amor, del diálogo y el bienestar.

Es también nuestra responsabilidad ser comunicadores de ella. De generación en generación debemos procurar que la llama de la vela de la paz y el amor continúe encendida. Nuestros hijos deben ser enseñados sobre esta gran responsabilidad humana. Enseñemos a nuestros hijos con el ejemplo, y con la evidencia de nuestro propio cambio de mentalidad.

El cambio de mentalidad no debe dar saltos. Debe ser una evolución constante en mejora. El cambio de mentalidad debe ser un período transitorio que va mejorando y dirigiéndose hacia la meta. Pero, este cambio o evolución no puede ser forzado. No podemos violentar las mentes y las conciencias de los otros. Ya hablamos anteriormente sobre la violencia, y de nuevo, debemos rechazarla por completo.

¡La única arma que tenemos es el ejemplo del amor!

La fuerza no está en las prisiones, en las armas, en los cañones, en los tanques, en el ejército, la fuerza está en la conciencia de los hombres que aprisionan, que asesinan, que atacan, que manejan los tanques. Y la conciencia de esos hombres está en oposición a la doctrina del amor de Cristo. Ellos necesitan un cambio urgente de conciencia y mentalidad, como muchos de nosotros.

Cristo ha dicho que ha vencido al mundo, y en efecto le venció. Lo venció con su perfecto amor y con su ejemplo. De esta manera, también podemos nosotros vencer al mal con el amor y el ejemplo.

En 1 Corintios 14:1 leemos: «Empéñense en seguir el amor». Esa es nuestra meta: el amor. El amor es nuestra meta más alta. Por esto, el amor debe ser nuestra prioridad número uno, debe ser nuestro objetivo principal. No hay cambio de mentalidad si no hay amor. Hemos sido creados para amar, y ese debe ser nuestro propósito en esta vida.

Mostrar esa verdad ha sido mi intención con esta reflexión.

En 1 Corintios 13:3, también podemos leer: «Si reparto entre los pobres todo lo que poseo, y si entrego mi cuerpo para que lo consuman las llamas, pero no tengo amor, nada gano con eso».

¡Qué enseñanza tan preciosa! De nada nos sirve dedicarnos en cuerpo y alma a ayudar a los demás, si no hay amor en nosotros. Es lo mismo, de nada nos sirve querer mejorar nuestras mentalidades si el amor está absolutamente ausente en nosotros. El amor no se coloca en nuestras agendas. El amor debe ser la base de nuestra agenda diaria.

De esto es lo que se trata la vida. Es todo sobre el amor.

Más adelante en el mismo capítulo 13 de 1 Corintios, leemos: «…permanecen estas tres virtudes: la fe, la esperanza y el amor. Pero la más excelente de ellas es el amor». Vemos que tres cosas permanecen, y la mayor de las tres es el amor.

¿Quieres dejar un legado después de que mueras? ¿Quieres hacer una diferencia con tu vida? ¿Quieres dejar una influencia positiva en este mundo que dura más que tú?

¡Llena tu vida y la de otros con amor!

¿Quieres mejorar tu mentalidad y conciencia, y así mismo la de tu entorno?

¡Pues, ama y da el ejemplo!

Nuestro planeta no puede cambiar sin antes cambiar la mentalidad de cada individuo que lo habita. Necesitamos un cambio de conciencia, un despertar de nuestros espíritus; y una de mis metas con este libro es precisamente eso: llamar a la reflexión, la meditación, la oración, a la conversación con el corazón y con Dios, para así despertar nuestras conciencias espirituales.

Amemos y demos el ejemplo, eso es lo primero que cada uno de nosotros tenemos que hacer.

Ser más humano no es ser menos espiritual, sino todo lo contrario.

¿Te atreves?

AGRADECIMIENTOS

Santo Dios, Santo Poderoso, Santo
Inmortal: ten piedad de nosotros…
Amémonos los unos a los otros, para que confesemos de
unánime acuerdo al Padre, al Hijo y al Espíritu Santo:
Santísima Trinidad, consubstancial e indivisible.
Por las misericordias de tu Hijo Unigénito, con Quien eres
bendito junto con tu Santísimo Espíritu, bueno y vivifica-
dor, ahora y siempre, y por los siglos de los siglos. Amén.

Gracias a Erika Vari, mi amada esposa. Gracias por creer en mí, por amarme, y por el incondicional apoyo en cada momento que venía la depresión y el pesimismo para desistir en la culminación de este proyecto. TE AMO.

A mi madre Santa Medrano, por su amor, inspiración, servicio y atención desde que llegué a este mundo.

Gracias al incondicional apoyo espiritual de los padres Archimandrita Evstatije Evstatios y Pablo Peña. Gracias por su consuelo, ánimo, guía y consejo. Dios ha sido bueno, y ustedes son parte de la bondad de Dios en mi vida. Al igual, agradecido con mi amada congregación Iglesia San Juan Bautista de Maracay perteneciente al Patriarcado Ortodoxo Serbio.

Muy agradecido con mi amado amigo, compañero y hermano Benjamín Hernández, quien ha sido de principio a fin un apoyo vital para mí. Su creatividad y apoyo han sido absolutamente invaluables en el desarrollo de lo que ustedes pueden leer hoy.

Agradecido con Andrés Doreste. Gracias mi hermano por tu apoyo, por tus consejos y ayuda. Gracias por creer en mí.

Gracias a Rodolfo García, al pastor Luis Leal, Jonathan García, a Saúl Sarabia, Jean Paul Zamora, Luis Huerta y a Rodny Chirinos, por el maravilloso aporte de revisión y corrección, por su tiempo y dedicación.

Finalmente, gracias a Patriarca Bartolomé I e Ireneo I, Kallistos Ware, Gregorio de Palamás, Juan Crisóstomo, Basilio el Grande, Serafín de Sarov, Vladimir Lossky, Juan Clímaco, Gueorgui Florovski, Juan de Kronstadt, León Tolstói, Søren Kierkegaard, Karl Barth, Fiodor Dostoievski, Eugene Peterson, Johann y Christoph Blumhardt, George MacDonald, Jaques Ellul, Henry David Thoreau, Thomas Merton, Stanley Hauerwas, N.T. Wright...

A todos... gracias.

SOBRE EL AUTOR

 Jorge Ostos es un escritor, pensador venezolano. Escribe sobre diversos tópicos como espiritualidad, el cristianismo oriental, vida cristiana, crecimiento espiritual, entre otros. Con un estilo de escritura teológicamente inspirado pero a su vez accesible, Jorge expresa siempre la naturaleza amorosa, bondadosa y misericordiosa de Dios. Junto a su esposa, reside actualmente en San Juan, Argentina. Puedes conocer más acerca de Jorge y sus escritos en su blog **www.jorgeostos.com.**

Made in the USA
Middletown, DE
12 October 2021